Josef Broich

Teamspiele für Beginner

[redacted]

Josef Broich, Dipl.-Pädagoge, Spielleiter, Vorsitzender der Rheinischen Arbeitsgemeinschaft Spiel und Theater in Köln. Autor zahlreicher Spielebücher. Im Maternus Verlag sind von ihm auch die Titel *Anwärmspiele, Entspannungsspiele, Fit im Studium, Gruppenspiele anleiten, Körper- und Bewegungsspiele, Rollenspiel-Praxis, Seniorenspiele* und *Sprechen – hören –streiten* erschienen. Im Maternus Verlag erscheinen von ihm auch die periodischen Buchproduktionen *ABC der Theaterpädagogik* und *Spiel-Bibliografie*. Übersetzungen seiner Spielebücher gibt es u. a. ins Polnische, Portugiesische, Niederländische und Norwegische.

[redacted]

Josef Broich

Teamspiele für Beginner

über einhundertvierzig Gruppenspiele zu Ausdruck, Bewegung, Improvisation

MATERNUS VERLAG

Bibliografische Information Der Deutschen Bibliothek
Die Deutsche Bibliothek verzeichnet diese Publikation in der
Deutschen Nationalbibliografie; detaillierte bibliografische Daten
sind im Internet über http://dnb.ddb.de abrufbar

1. Auflage 2005

Maternus Buchhandel und Verlag GmbH & Co KG
Severinstr. 76, D-50678 Köln
Printed in Germany 2005

Lektorat: Alexandra Resky / Redaktion: Birgit Kühnen
Umschlaggestaltung: rheinsatz, Köln
Gesamtherstellung: Fuldaer Verlagsanstalt GmbH & Co. KG, Fulda

ISBN 3-88735-023-5

Übersicht

ⓘ Bei Spielansagen gelten die Anreden und Bezeichnungen Mitspieler, Teilnehmer, Spielpartner und Spielleiter gleichermaßen auch für Mitspielerinnen, Teilnehmerinnen, Spielpartnerinnen und Spielleiterinnen.

Vorwort

Spieleinsatz

Die *Teamspiele für Beginner* benötigen keinen Materialbedarf und sind ohne Vorerfahrungen sofort einsetzbar. Der Spielleiter findet in jedem Kapitel Hinweise zur Spielart, Spielzeit und Anzahl der Mitspieler. Jeder Einsatz sollte jedoch mit Spielen aus den ersten beiden Kapiteln *Kennenlernen und Kontakt* und *Bewegung und Kontakt* beginnen. Alle Spiele sind leicht auszuwählen und fördern einen offenen Umgang miteinander und Kontakte der Mitspieler untereinander.

Spielanforderungen

Beim Spieleinsatz muss nicht viel geschehen. Selbst eine augenscheinliche Langeweile zu Spielbeginn kann eine Vorbereitungsfunktion für den gesamten Spannungsbogen haben. Für die Mitspieler können szenische Darstellungen und Improvisationen eine Fundgrube für eigene Identifikations-Rollen bieten.

Jeder Spielrahmen verläuft anders. Die Spielspannung erhöht sich in dem Maße, wie der Spielverlauf, der Spielhöhepunkt und der Spielausgang offen sind und sich vermeintliche Vorahnungen im Spiel eben nicht erfüllen.

Spielfreude muss nicht bei jedem Spiel erfüllt werden, da sonst ein Spannungsbogen über mehrere Stunden oder einen ganzen Tag hinweg nicht haltbar ist. Bewegungsspiele zu Beginn einer Spielfolge begeistern nicht jeden, da sie manchmal mit Anstrengung und Sportunterricht verwechselt werden.

Eine bewegungsaktive Anwärmphase fördert die Konzentration und persönliche Präsenz vor Ort. So lässt sich die Spielspannung leicht über mehrere Stunden halten.

Spielauswahl

Bei einer zusammenhängenden Spielzeit von beispielsweise drei Zeitstunden verbleiben neben einer geplanten Aufwärm- und einer Schlussphase von jeweils dreißig Minuten ein Zeitrahmen von zwei Zeitstunden für eine gestaltbare Handlung. Diese Rahmenhandlung kann beispielsweise aus einer Märchenimprovisation, einer Kontaktanimation oder aufbauenden Szenen für ein Improvisationstheater bestehen.

Zu Spielbeginn stehen in der Anwärmphase die Erkundung des Spielortes und die Kontaktaufnahme zwischen den Mitspielern im Vordergrund des Spielgeschehens. So kommen auch müde, wache, interessierte und gelangweilte Mitspieler auf eine gemeinsam anerkannte Wellenlänge.

Spielort und Spielzeit

Natürlich eignet sich nicht jedes Spiel für jede Umgebung. Daher sollte auch der Spielort dem Spielanliegen zumindest nahekommen. Konzentrationsübungen finden am besten in Räumen mit Teppich-, Holz- oder Schwingboden statt. In Innenräumen mit hartem Bodenbelag sollten bei Liegeübungen genügend Decken oder Matten zur Verfügung stehen. Jeder Mitspieler benötigt dabei eine saubere, bespielbare Bewegungs- und Liegefläche von etwa vier Quadratmetern, auf der er sich ausgestreckt hinlegen kann, ohne einen anderen Mitspieler zu behindern.

Die angegebenen Spielzeiten sind einzuhalten, damit der Spaß nicht verloren geht, denn der Spielverlauf lebt von der Abwechslung. Darstellende oder körperaktive Spiele sollten mit Konzentrations- und Wahrnehmungsspielen abwechseln. Bei Konzentrationsspiele ist die doppelte Spielzeit als Reservezeit mit einzuplanen.

Alter und Anzahl der Mitspieler

Die Spielserien eignen sich zum altersgemischten Einsatz. Die Kennenlern- und Konzentrationsspiele setzen ein Mindestalter von etwa acht Jahren voraus. Bei Darstellungsspielen sollte das Mindestalter der Mitspieler bei etwa zehn Jahren liegen. Gleichzeitig besteht bei allen Spielen die Möglichkeit zu einer altersnahen Übungsvariation.

Bei der Anzahl der Mitspieler der Spiele ist von einer Richtgröße von etwa sechs bis dreißig Mitspielern auszugehen. Bei jedem Spiel ist die Mindest- und Höchstzahl der Spieler angegeben. Gute Planung und zielgruppengerechte Auswahl der Spiele sind ein wichtiger Beitrag, den der Spielleiter zum Gelingen jeder Aktion leisten kann. Im Zweifelsfall sollte der Spielleiter die Spiele auswählen, bei denen er sich selbst in Gedanken als Mitspieler sieht. Die Spielauswahl orientiert sich an Einsatzzweck, Einsatzort und den Spielerfahrungen der Mitspieler.

Hinweise für den Spielleiter

Spiele müssen verstanden werden, überschaubar sein und dem Rhythmus der Beteiligten entsprechen. Auch offene Spielabläufe erfordern Spielregeln, die einen sinnvollen Verlauf vom Anfang bis zum Ende bieten. Die Spielregeln müssen daher knapp, anregend und einladend sein.

Dabei können Hinweise zum Spielverlauf auch während der Spieldurchführung erfolgen. Ideal zur Veranschaulichung ist bei Bewegungsspielen ein Anspielen vor Spielbeginn. Deutliches Vorlesen des Spieltextes ist beim Einsatz der Spielvorschläge ausreichend, um den Verlauf zu veranschaulichen. Der Spielleiter sollte den Spieltext seinem eigenen Ausdrucksvermögen angleichen, wobei bei der Spielplanung auf eine Mischung von spannungsreichen und sanften Spielen zu achten ist.

Die Mitspieler können jederzeit gefragt werden, ob das jeweilige Spiel verstanden wird. Beim Spieleinsatz wird sich nach kurzer Zeit ein sicheres Gefühl für die Darstellungsweise einer Spielansage und für Sprechpausen herausbilden.

Bei jedem Spiel versetzt sich der Mitspieler in eine fiktive Figur, erfährt, verwirft, verändert und vertieft sich innerhalb eines zeitlichen und räumlichen Rahmens. Jedes Spiel bietet eine Reibungsfläche mit einem gleichzeitigen Angebot zur spielerischen Auseinandersetzung innerhalb eines Spielrahmens.

Jeder kann hierbei *mit* einem Partner und *gegen* einen Partner spielen. Vor Spielbeginn sollten die möglichen Ausdrucksformen durch eine Spielregel umrissen werden. Spielfreude ist die Folge von stimmigen Spielbedingungen zwischen

- dem einzelnen Spieler und der Spielgruppe,
- dem Spielleiter und den Mitspielern sowie
- den räumlichen und zeitlichen Bedingungen.

Jeder eigene Einsatz im Spiel fördert und ermöglicht die Spannung, die sich leicht auf andere überträgt.

Als Anleitung für den Spieleinsatz erschien von *Josef Broich* ebenfalls im *Maternus Verlag* auch das Buch *Gruppenspiele anleiten – Vorbereitung und Durchführung.*

Erstes Kapitel: Kennenlernen und Kontakt

Zum Spieleinsatz

Zu Beginn jeder Spielserie stehen das Ankommen des Einzelnen und die Kontaktaufnahme zu den anderen Teilnehmern untereinander. Beide Ziele werden durch dieses Kapitel erreicht.

Bewegungsaktive Spiele erfordern für jeden Mitspieler eine Bewegungsfläche von mindestens vier Quadratmeter.

Spiele zur Paarbildung zum Spieleinstieg:

- *Doppelkarussell, Entscheiden können, Gegenstände nehmen, Liedgruß, Wechselpaar* und *Zusammenstoß.*

Spiele für Mitspieler, die sich untereinander nicht oder kaum kennen:

- *Begrüßungsgang, Füße sprechen, Hollywood, Namen hören, Nasengruß, Schnips einmal, Spiegelschrift, Südpol* und *Vertritt deine Meinung.*

Spiele für Mitspieler, die sich untereinander bereits kennen:

- *Aktionsaussagen, Aufmerksam, Augen lügen nicht, Frühstücksrunde, Füße sprechen, Phantomwurf, Schnips einmal, Südpol* und *Vertritt deine Meinung.*

Entscheiden können

🕒 5 Minuten
🚹 Ab 8 Mitspieler / Paarbildung

Die Wahl eines Partners für ein Paarspiel fällt nicht jedem leicht. So hat es seinen Reiz, zu Spielbeginn allen Mitspielenden zur Kontaktaufnahme faire einladende und verblüffende Ausgangsbedingungen anzubieten.

Wir bilden einen Kreis. Einer geht in die Kreismitte, schließt seine Augen oder bindet sich ein Tuch um. Auf ein Zeichen vom Spielleiter hin geht einer aus dem Kreis zu ihm, berührt ihn an einer vorher vereinbarten Körperstelle:

- an der Stirn,
- am Nacken,
- am Rücken,
- an der linken oder an der rechten Hand.

Sagt der Spieler in der Kreismitte ja, macht er seine Augen auf und geht mit seinem neuen Spielpartner aus dem Kreis. Sagt er nein, bleiben seine Augen geschlossen.

Der Abgewiesene geht zurück in den Kreis.

Danach geht auf ein Zeichen des Spielleiters hin ein anderer zu ihm in die Kreismitte.

Gegenstände nehmen

🕒 5 Minuten
🚹 Ab 8 Mitspieler / Paarbildung

Jeder zweite Mitspieler nimmt sich einen beliebigen Gegenstand aus dem Raum und gibt ihn demjenigen, zu dem dieser Gegenstand seiner Meinung nach passt.

Doppelkarussell

🕒 5 Minuten
🚹 Ab 8 Mitspieler / Paarbildung

Es werden zwei Kreise gebildet. Alle stellen sich Rücken an Rücken. Die Spieler des Innenkreises und die des Außenkreises fassen sich jeweils an den Händen.

Alle schließen die Augen und die beiden Kreise drehen sich als Karussell in jeweils entgegengesetzter Richtung. Auf ein Zeichen des Spielleiters hin bleiben alle stehen. Wieder stehen alle Rücken an Rücken.

Und jetzt:

- drehe dich um,
- öffne deine Augen
- dein Partner.

Wechselpaar

🕒 5 Minuten
🚹 Ab 8 Mitspieler / Paarbildung

Alle stellen sich zu zweit nebeneinander. Einer sieht nach vorne, der andere nach hinten. Die Paare drehen sich, drehen sich schneller.

Dann wechseln die Paare mehrmals in tänzerischen Bewegungen ihre Partner.

Auf ein Zeichen des Spielleiters hin wird mehrmals im Bewegungsfluss eingefroren.

Beim fünften Einfrieren hält jeder seinen Spielpartner an den Händen.

Zusammenstoß

5 Minuten
Ab 8 Mitspieler / Paarbildung

Alle gehen durch den Raum und schließen die Augen. Auf ein Zeichen des Spielleiters hin beugt jeder seinen Oberkörper nach vorne hin und geht rückwärts weiter.

Spielpartner sind die, deren Pos *zuerst* zusammenstoßen.

Liedgruß

10 bis 15 Minuten
Ab 8 Mitspieler / Paarbildung im Kreis

Wir bilden einen Außenkreis und einen Innenkreis. Paarweise stellen wir uns gegenüber.

Jeweils ein Mitspieler aus dem Innenkreis und ein Mitspieler aus dem Außenkreis bilden zusammen ein Spielpaar.

Wir stellen uns jetzt musikalisch vor.

- Summe,
- pfeife,
- klatsche oder
- singe

mit deinem Spielpartner zusammen ein Lied oder eine Melodie.

Gehe danach links herum zu deinem nächsten Spielpartner und versuche dich mit ihm zusammen in einem anderen Lied oder einer anderen Melodie.

Begrüßungsgang

🕒 5 Minuten für jeden Durchgang
🚶 10 bis 24 Mitspieler / Gruppenspiel

Gehe durch den Raum und begrüße deine Mitspieler mit

- einer jeweils anderen körperlichen Berührung,
- einem persönlichen Satz,
- einem flüchtigen Blick,
- einem auffordernden Kunstwort,

- einer zarten Tonvariation,
- einem einladenden Lächeln,
- einem spannenden Geräusch oder
- einer offenen Gestik.

Aufmerksam

🕒 10 bis 15 Minuten
🚶 8 bis 16 Mitspieler / Gruppenspiel
Für Mitspieler, die sich untereinander gut kennen.

Teile jedem Mitspieler seine persönlichen Stärken und Schwächen mit, indem du zu jedem Mitspieler gehst und *Ich-* und *Du-*Sätze ihm gegenüber vervollständigst.

- Ich will deine Aufmerksamkeit, weil ich (...).
- Ich mag, wenn du (...).
- Ich ärgere mich, wenn du (...).
- Ich gehe dir aus dem Weg, weil du (...).

- Du langweilst mich, wenn du (...).
- Du gefällst mir, weil du (...).
- Du weichst mir aus, wenn du (...).
- Du tust mir gut, wenn du (...).

Füße sprechen

◷ 10 bis 15 Minuten
🚹 6 bis 30 Mitspieler / Paarspiel

Jeweils zwei Mitspieler setzen sich auf dem Boden oder auf Stühlen so gegenüber, dass sie sich sehen können. Führe dabei mit deinem Spielpartner einen Dialog mit deinen nackten Füßen. Lass dir Zeit.

Sei mit deinen Füßen

- wütend,
- zärtlich,
- verlegen,
- abweisend und
- suchend.

Verabschiede dich zum Schluss von deinem Partner mit deinen Füßen.

Namen hören

◷ 5 Minuten für jeden Durchgang
🚹 6 bis 30 Mitspieler / Paarspiel
Für Mitspieler, die sich untereinander noch nicht kennen.

Jeweils zwei Mitspieler stellen sich gegenüber und sehen sich an. Im Wechsel spricht jeder ohne einen weiteren Kommentar den Namen des anderen Mitspielers, wobei er fortwährend die *Betonung* und seine *Gestik* verändert.

Abwechselnd spielt jeder mit unterschiedlichen Sprechweisen und Darstellungsformen mit dem Namen seines Mitspielers.

Der Augenkontakt zum Mitspieler ist während des Spiels zu halten.

Vertritt deine Meinung

🕒 5 Minuten für jeden Durchgang
🚹 6 bis 30 Mitspieler / Paarspiel

Wir bilden Spielpaare. Lehne dich mit deiner rechten oder deiner linken vorderen Schulterseite an die Schulterseite deines Spielpartners an. Halte gemeinsam mit deinem Spielpartner die Balance.

Vertritt deine Meinung gegenüber deinem Spielpartner. Äußere diese nur mit *Ja* oder mit *Nein*.

Gleichzeitig übst du als Sprechender mit deinem *Ja* oder *Nein* einen leichten Körperdruck auf deinen Mitspieler aus,

- der dem Druck nachgibt oder
- dem Druck standhält.

Wer zuerst *Ja* sagt, behält dieses *Ja* mehrfach bei und spielt mit seiner *Ja*-Aussage. Der Spielpartner macht Gleiches mit seinem *Nein*.

Etwa nach zwei Minuten wechselt die Aussage. Aus dem *Ja* wird ein *Nein* und aus dem *Nein* wird ein *Ja* mit dem dazugehörenden Körperdruck, um die eigene Aussage auch zu betonen.

Die Spielbreite kann dabei vom hilflosen Winseln bis zu einem bestimmenden Auftreten reichen. Bleibe auch in engen Sequenzen mit deinem Spielpartner in Kontakt.

Spiegelschrift

🕒 10 bis 15 Minuten
Ab 8 Mitspieler / Gruppenspiel
Für Mitspieler, die sich untereinander noch nicht kennen.
Benötigt werden selbstklebendes
Krepp-Papier und Schreibstifte.

Wir bilden einen Kreis. Schreibe deinen Namen mit großen Druckbuchstaben in Spiegelschrift auf ein Schild. Lege das Schild mit deinem Namen nach unten in die Mitte des Raumes und gehe zurück in den Kreis.

Jetzt nimmt einer nach dem anderen ein Namensschild aus der Kreismitte und versucht es, dem richtigen Mitspieler anzuheften. Mitspieler mit falschen Namensschildern suchen ihr richtiges Schild und versuchen, das falsche Schild passend zuzuordnen.

Anschließend gehen wir durch den Raum. Versuche, die Namen deiner Mitspieler wie in den ersten Wochen als ABC-Schütze zu entziffern und sie dir zu merken. Im anschließenden Kreis stellt jeder etwa vier bis sechs seiner Mitspieler namentlich vor: *Das ist Alex, das ist Franziska ...* usw.

Bei wiederholten Namensnennungen lassen sich die Namen durch verschiedene Klangvariationen leichter merken.

Frühstücksrunde

🕒 5 bis 10 Minuten je Durchgang
Ab 8 Mitspieler / Kleingruppenspiel

Wir stellen uns einen gedeckten Frühstückstisch vor. Frischer Kaffee, geschnittenes Brot, Rührei. Jeweils vier Mitspieler sitzen beim Frühstück und meckern über Abwesende ihren Mund fusselig: *Haste gehört? Peter hat jetzt `ne Neue.*

Die Frühstücksgäste reagieren

- neugierig,
- heucheln Interesse,
- fragen nach Details,
- bestärken mit einem *Ja genau* oder
- jammern ihr *das-kann-doch-nicht-wahr-sein* bei.

Ein anderes Mal moralisieren, projizieren und erzürnen sie sich über diese Lügengeschichten. Dabei "droht" die Plauderei auszuufern.

Die Frühstücksrunde *kann* sich vor Spielbeginn über Verlauf, Regeln, die Themen des Spiels und die möglichen Rollenzuweisungen verständigen. Anschließend Rollentausch.

Zum Spielausklang: Falls von allen gewünscht, kann zum Spielschluss eine Verständigung zum *Wie hat es gefallen, was ist aufgefallen?* erfolgen.

Südpol

🕒 10 bis 15 Minuten
Ab 6 Mitspieler / Gruppenspiel

Wir gehen behutsam im Raum umher. Stell dir vor, du wirst eines Morgens wach und findest dich auf dem Südpol wieder.

Seit Jahrzehnten ist hier wohl keiner mehr gewesen. Du kennst nichts von dem, was du

- siehst,
- riechst,
- denkst,
- hörst.

Alles ist dir neu und kommt dir eigenartig vor.

Bisher hast du auch von dieser verlassenen Südpol-Landschaft weder etwas gehört, noch etwas geträumt. Anfänglich siehst du dich als totale Fehlbesetzung. Verstohlen gehst du bedächtig über das knirschende Eis und starrst auf die Erde.

Aber da sind ja auch noch andere Menschen! Ergeht es denen so wie dir? Schau dir doch einfach mal im Vorbeigehen verstohlen diese Südpolaner an – es fällt ja nicht weiter auf. Keiner spricht, alle sind verwundert und vorsichtig.

Vielleicht sind es ja ganz normale Leute. Alt werden muss ich hier ja nicht. Wenn ich schon mal hier bin, möchte ich mich auch wohlfühlen und für mich was davon haben.

Lerne die anderen Südpolaner kennen. Drücke ganz sachte deine

- Stirn an ihre Stirn,
- Fingerspitze an Fingerspitze,
- Nasenspitze an Nasenspitze,
- Hüfte an Hüfte,

- Schulter an Schulter,
- Knie an Knie.

Du machst dich bedächtig mit Südpolanern vertraut. So steigen und steigen natürlich die Außentemperaturen – dabei wird es dir schon recht erträglich warm.

Waagemutig schaust du nach und nach allen Südpolanern in die Augen und fasst sie dabei gleichzeitig auch sanft an die Schultern.

Du bist angekommen – guten Tag.

Herzlich Willkommen auf dem Südpol – der Südpol ist überall.

Nasengruß

🕒 5 Minuten

Ab 6 Mitspieler / Gruppenspiel

Für Mitspieler, die sich untereinander noch nicht kennen.

Gehe durch den Raum. Gehe in deinem Tempo. Nutze den ganzen Raum. Begrüße deine Mitspieler.

Drücke sachte deinen Rücken kurz an möglichst viele andere Rücken, deine Schläfen auf andere Schläfen, deine Ellbogen an andere Ellbogen.

Führe einen anderen Mitspieler Seite an Seite mit dir einen kurzen Weg lang durch den Raum und lass dich auch von ihm genauso führen.

Berühre in kurzer Zeit viele Fingerspitzen mit deinen Fingerspitzen, Nasenspitzen mit deiner Nasenspitze und Wangen mit deiner Wange.

Augen lügen nicht

◷ 5 Minuten für jeden Durchgang
🚹 Ab 8 Mitspieler / Gruppenspiel zur Begrüßung

Wir bilden einen großen Kreis und zählen ab in 1 *[ungerade Teilnehmerzahl]* und 2 *[gerade Teilnehmerzahl]*. Jetzt gehen alle im Raum umher. Alle Spieler mit der geraden Zahl suchen aktiv Augenkontakt zu den Spielern mit den ungeraden Zahlen. Alle Spieler mit den ungeraden Zahlen entziehen sich einem möglichen Blick und schauen beiseite.

Rollenwechsel nach spätestens fünf Minuten. Falls ausdrücklich gewünscht, dürfen die Erlebnisse in den beiden verschiedenen Figuren berichtet werden.

Phantomwurf

◷ 5 Minuten
🚹 Ab 8 Mitspieler / Gruppenspiel zum Aufwärmen

Wir bilden einen großen Kreis. Einer wirft einem anderen im Kreis einen imaginären Ball zu. Beim Werfen untermalt er seinen Wurf mit einem Wurf*geräusch.*

Der Fänger ahmt beim Fangen des Phantomballs das Wurfgeräusch des Werfers nach, bevor er den Ball zu einem anderen Fänger mit seiner Geräuschuntermalung wirft.

Mit jedem neuen Wurf verändert sich die Wurftechnik und die Geräuschuntermalung.

Spielvariation Wortwurf:

Anstelle des Phantomballs können auch Wörter oder kurze Sätze geworfen werden.

Aktionsaussagen

🕒 10 Minuten je Durchgang
🚹 6 bis 30 Mitspieler / Paarspiel

Wir bilden Spielpaare. Nach Aktionsaussagen stellen Mitspieler A und Mitspieler B im Wechsel Symbolhandlungen dar. Die Kurzszenen lassen sich als Fundgrube spielerischen Ausprobierens und zur Kontaktaufnahme nutzen.

Der symbolisch darzustellende *Du*-Satz – beispielsweise *Du übersiehst mich* – ist zuerst von A auszusprechen. Anschließend *übersieht* Mitspieler A Mitspieler B, und B reagiert auf A.

Haben beide ihre Position gefunden, frieren sie in der Körperpositionen kurz ein. Rollenwechsel nach jeder Kurzszene.

Beispielhandlungen:

- Du nimmst mich auf den Arm:
  A nimmt B auf den Arm.
- Du kommst mir zu nahe:
  B kommt A sehr nahe.
- Du erschlägst mich:
  A lässt sich von B erschlagen.
- Du lässt allen Ärger an mir ab:
  B lässt an A Ärger ab.
- Du kannst mich mal gerne haben:
  A hat B gerne.
- Du verachtest mich:
  B verachtet A.
- Du schüttest mir deine Seele aus:
  A schüttet B seine Seele aus.
- Ich will dir nahe sein:
  B kommt A nahe.

- Du übersiehst mich:
  A übersieht B.
- Du hörst mich nicht:
  B hört A nicht.
- Du hast mich ja zum Fressen gern:
  A hat B zum Fressen gern.
- Du machst mir Angst:
  B macht A Angst.

- Du kannst mir den Buckel runterrutschen:
  A rutscht B den Buckel runter.
- Du nervst mich:
  B nervt A.
- Du bist in meinen Sinnen:
  A ist in den Sinnen von B.
- Du bist wieder außer Rand und Band:
  B ist zu A wieder außer Rand und Band.

- Du raubst mir den Schlaf:
  A raubt B den Schlaf.
- Du verhältst dich zu mir wie ein Elefant:
  B verhält sich zu A wie ein Elefant.
- Du bringst mich zur Verzweiflung:
  A verzweifelt vor B.
- Du bist so maßlos:
  B ist zu A maßlos.

- Du beschenkst mich so reich:
  A beschenkt B reichlich.
- Du bist ein Wunder:
  B ist für A ein Wunder.
- Du überschreitest bei mir Grenzen:
  A überschreitet zu B Grenzen.
- Du bist mir nahe:
  B ist A nahe.

Hollywood

🕒 60 bis 90 Minuten
🚹 Ab 8 Mitspieler / Paar- und Guppenspiel
Benötigt werden Schreibpapier und Schreibstifte.

Hollywood will dein Leben verfilmen. Dazu brauchen wir ein Drehbuch. Denke dir kleine Spielszenen aus, die schon lange nach einer Verfilmung schreien.

Die Szenen können Wendepunkte oder Ereignisse aus deinem bisherigen wirklichen oder gedachten Leben sein, die bei dir bleibende Spuren hinterlassen haben. Zuerst bilden wir Drehbuchpaare, die sich ihre Szenen vorstellen und daraus Szenen für Hollywood gemeinsam aussuchen.

Bei der Szene sollte auch die Umsetzung klar sein und ob es sich um

- eine tragische,
- eine lustige oder
- eine sanfte Fassung

deiner Geschichte handelt.

Ist die Filmhandlung klar, werden zusammen mit einem anderen Drehbuchpaar vier Kurzfilme gedreht.

- Für die eigene Szene bist du gleichzeitig Drehbuchautor und Regisseur.
- Die anderen drei Mitspieler sind deine Schauspieler.
- Du kannst auch Stichpunkte zur Filmhandlung aufschreiben.

Von jedem einzelnen Mitspieler ist anschließend ein Film zu drehen. Dabei sind

- die Gestaltung der Umgebung,
- die Personen der Handlung und

- die wesentliche Aussage

des Films vorher mit dem eigenen Team abzusprechen.

Zum Drehschluss wird von jedem Mitspieler jeweils eine Szene von bis zu fünf Minuten vor dem fachkundigen internationalen Filmpublikum vorgeführt.

Die Spielinhalte

- Geburt der Erde auf dem Marktplatz in Kleve.
- Gemeinsames Aufstehen mit Hexenschuss in Zeitlupe.
- Igelrennen auf der A 9 zwischen Bremen und Venedig.
- Kamikaze eines Regenwurms im Sandhaufen.

- Kanadische Bienen auf Landerkundung in Grönland.
- Meeresbrandung bei untergehender Abendsonne.
- Mein erster Schultag – mit viel Schokoladenkreide.
- Modenschau im Urwald.

- Reagenzglas-Sinfonie in Moll.
- Seifenkisten-Rennen auf dem Hockenheimring.
- Übernächtigter Mülleimer nach durchzechter Nacht.
- Zahnpasta-Werbung im Altersheim.

Schnips einmal

🕒 10 Minuten für jeden Durchgang
Ab 10 Mitspieler / Gruppenspiel

Wir gehen schnell durch den ganzen Raum – nutze dabei auch die Ecken. Forme deine Hände so, dass du jederzeit mit deinen Fingern blitzschnell schnipsen kannst.

Suche zu anderen Spielern den Augenkontakt. Schnipse sofort, wenn zwischen dir und einem anderen Spieler ein Augenkontakt entsteht.

Der verspätete Schnipser friert sofort in seinen Bewegungen ein und bleibt stehen – er kann nur mit einem weiteren Schnipser von einem noch "lebenden" Schnipser wiederbelebt werden.

Das Spiel geht schnell und muss immer mindestens zwei aktive Mitspieler haben.

Zweites Kapitel: Bewegung und Kontakt

Zum Spieleinsatz

Bewegungsaktive Spiele bieten abwechslungsreiche Begegnungen untereinander und schaffen Vertrauen.

ⓘ Während der Spielsituation sind störende Außeneinwirkungen zu vermeiden.

Bei den Spielen *Raumkörper* und *Raumgefühl* eignet sich auch der gleichzeitige Einsatz von Hintergrundmusik.

Spiele für Spielpaare:

- *Vorstellen* und
- *Atomspiel.*

Gruppenspiele für die ganze Spielgruppe und für den Gruppeneinstieg, bei denen sich die Mitspieler untereinander nicht oder kaum kennen:

- *Bänkelsänger,*
- *Dick und dünn,*
- *Handgruß,*
- *Körper mit Leben füllen,*
- *Raumgang,*
- *Raumgefühl,*
- *Raumkörper* und
- *Waldemar.*

Gruppenspiele mit starkem Bewegungscharakter, die auch zwischen einzelnen Spielblöcken einsetzbar sind:

- *Bewegungsgefühl,*
- *Maschine,*
- *Waldemar* und
- *Zauberspiel.*

Dick und dünn

🕒 10 Minuten
Ab 8 Mitspieler / Gruppenspiel

Wir gehen alle durch den Raum. Nutze beim Gehen den ganzen Raum – auch die Ecken, die Breite, die Länge des Raums. Gehe in deinem Tempo.

- Gehe schnell, ganz schnell.
- Werde langsamer, noch langsamer.
- Gehe in Zeitlupe.
- Gehe vorwärts, rückwärts.

- Gehe im rechten Winkel, gehe im Kreis.
- Gehe im Rechteck.
- Gehe normal weiter.
- Du bist klitzeklein – tripple über den Rasen.

- Du bist riesig – stapfe durch den Urwald.
- Du bist dünn – flüchte aus dem Knast.
- Du bist dick – zwänge dich durch den Zug.
- Du bist faul – führe deinen Bauch spazieren.

- Du bist vorsichtig – überquere den Zebrastreifen.
- Du bist bedächtig – gehe die Stufen zur Siegessäule empor.
- Du bist flapsig – grüße deine vielen neuen Freunde.
- Du bist wichtig – nimm die Ehrungen entgegen.

- Du bist müde – gib deinen Beinen nach.
- Du bist ganz stolz und noch viel mehr,
  denn du bist die Sonne vom Mittelmeer.
- Du pflückst einen Frühlingsstrauß.

- Du schneist als Galagewinn herein.
- Du steckst knöcheltief im Morast.
- Du kommst als Tornado.

- Du gehst auf dem Zahnfleisch.

- Du gehst zum Zahnarzt.
- Du führst den Schäferhund aus.
- Du gockelst am Strand entlang.
- Du stürzt aus allen Wolken.

- Du stürzt dich in die Wasserfluten.
- Du lässt dich von der Flut tragen.
- Du liegst am Boden.

Körper mit Leben füllen

◷ 20 Minuten

🚹 8 bis 30 Mitspieler / Gruppenspiel mit Kleingruppen

Benötigt werden Papierrollen und Malstifte – als Papierrollen eignen sich vor allem Reste von Zeitungs- und Tapetenrollen.

Wir bilden Kleingruppen mit jeweils drei bis fünf Mitspielern. Auf dem Papier wird reihum der Umriss eines jeden Mitspielers der Gruppe aufgezeichnet.

Anschließend werden seine

- liebsten Beschäftigungen,
- Eigenschaften,
- typischen Sprüche und
- Merkwürdigkeiten

in den Körperumriss hineingeschrieben, bis der Körper *mit Leben gefüllt ist.*

Die Gruppengröße ist so zu wählen, dass jeder Mitspieler auch einmal gezeichnet werden kann.

- Die angefertigten Körperbilder können im Raum aufgehängt und anschließend den Mitspielern mitgegeben werden.

Raumkörper

🕒 10 bis 15 Minuten
🚹 6 bis 24 Mitspieler / Gruppenspiel

Wir gehen durch den Raum. Gehe langsam und behäbig. Werde schneller, noch schneller, laufe, renne. Finde dein eigenes Tempo.

Nutze beim Gehen auch die Raumecken. Laufe, halte dein Tempo, verändere dein Tempo – mal langsam, mal schnell. Stütze deine Hände auf deine Hüften, laufe dabei weiter und halte dein Tempo.

Ändere auf ein Zeichen hin – *Händeklatschen* – deine Laufrichtung. Wiederhole den Richtungswechsel mehrmals: Laufe im Kreis. Laufe geradeaus. Laufe seitwärts. Laufe rückwärts.

Ändere auf ein weiteres Zeichen hin deine Gangart:

- Springe wie ein Känguruh über eine Mauer.
- Watschele wie eine Ente am Weiher.
- Gehe behutsam auf dem weichen Sandstrand.
- Plantsche in der Meeresbrandung.

Wir bilden einen Kreis. Schüttle deine Arme und Beine aus. Stelle dich bequem hin. Atme durch die Nase ein und durch den Mund aus.

Spanne beim Einatmen deinen Körper an und lass ihn beim Ausatmen los. Wiederhole mehrmals in deinem Rhythmus das Ein- und Ausatmen.

Mache Kreisbewegungen mit deinen Armen. Beginne dabei mit dem rechten Arm. Kreise mit dem rechten Arm nach vorne. Mache zuerst kleine und dann immer größere Kreise. Wiederhole die Kreisbewegungen mehrmals. Und nun der linke Arm. Bilde auch hier kleine und dann immer größere Kreise.

Kreise jetzt mit beiden Armen gleichzeitig nach hinten. Atme beim Anheben der Arme ein und beim Senken der Arme aus. Richte deinen Oberkörper beim Einatmen auf, lass ihn beim Ausatmen nach vorne fallen. Kreise gleichzeitig mit deinen Armen in verschiedene Richtungen.

Kreise mit dem linken Arm langsam nach vorne. Kreise mit dem rechten Arm nach hinten. Bewege die Arme in deinem Rhythmus, auch wenn es schwer fällt. Verändere mehrmals die Drehrichtung deiner beiden Arme. Springe hoch und falle wie ein Sack Kartoffeln zusammen.

Raumgang

🕒 10 Minuten
🚹 6 bis 24 Mitspieler / Gruppenspiel

Wir gehen alle langsam durch den Raum. Nutze den ganzen Raum. Gehe vorwärts, seitwärts, rückwärts in alle Richtungen. Gehe in deinem Tempo. Gehe erst behäbig und vorsichtig. Ändere deine Gehrichtung. Werde schneller, noch schneller, laufe.

Finde mit anderen Mitspielern zusammen ein gemeinsames Tempo. Auf ein Zeichen hin – *Händeklatschen* – frierst du im Bewegungsfluss ein. Auf ein weiteres Zeichen hin gehst du normal weiter. Auf ein Zeichen hin frierst du erneut in der Bewegung ein, bei einem weiteren Zeichen änderst du die Gangart:

- Betrachte die vorbeiziehenden Rinder und Kühe.
- Bleibe dem Übeltäter auf den Fersen.
- Du bist auf einem Viehmarkt.
- Ernte im Akkord Frühkartoffeln.
- Flaniere durch den Tivoli.
- Flaniere übermütig über die Strandpromenade.

- Fliehe vor einem blinden Dackel.
- Gehe auf andere Mitspieler zu.

- Gehe genervt über die Straße.
- Gehe im Wald spazieren.
- Gehe lautlos – balanciere dabei auf einem schmalen Steg.
- Gehe rasch mit wechselnden Geschwindigkeiten und Gangarten. Der Wechsel erfolgt auf ein Zeichen hin.

- Genieße die erste frische Erdbeere des Jahres.
- Hole einen Kübel Wein aus dem Keller.
- Kaufe dir eine Nürnberger Rostbratwurst.
- Kellnere auf einem altersschwachen Flussdampfer.

- Renne zur letzten Straßenbahn.
- Rudere angespannt im Achter.
- Schaue dir die Schaufenster an.
- Schleiche dich an der Kasse vorbei.

- Schleiche durchs Unterholz.
- Schlendere am Ufer.
- Schreite siegessicher.
- Schwimme im Baggersee.

- Springe Hüpfekästchen auf dem zugefrorenen See.
- Stehle dich davon.
- Stelle Diebesgut sicher.
- Taste dich durch die Dunkelheit.

- Verschenke wabbelige Quallen.
- Verteile Strafzettel für irgendetwas an deine Mitspieler.
- Wandere auf Zehen.
- Gehe langsamer.

Gehe noch langsamer. Bleibe stehen.

- Herzlich willkommen.

Maschine

🕒 10 Minuten
🚹 8 bis 20 Mitspieler / Paarspiel

Ein Spiel zu zweit: Einer ist die Maschine, der andere der Maschinist. Die Maschine denkt sich eine Bewegung und ein Geräusch aus sowie eine Körperstelle, wo der *Ausschaltknopf* sitzen soll.

Der Maschinist soll die Maschine möglichst ausschalten und drückt nun so lange mit seinem Finger auf verschiedene Körperstellen, bis er den Ausschaltknopf gefunden hat und die Maschine verstummt.

Danach Rollentausch.

Zauberspiel

🕒 10 bis 15 Minuten
🚹 Ab 6 Mitspieler / Gruppenspiel

Einer ist ein Zauberer. Damit es jeder glaubt, steht er auf einem Stuhl und ruft Zauberformeln, wie *Simmsalabimm, ich verzaubere jeden in Krokodile*. Und siehe da – alle bewegen sich als Krokodile.

Alle sind solange Krokodile, bis der Zauberer sie von ihrem Krokodil-Dasein erlöst. Nach einigen Verzauberungen wechselt der Zauberer.

Der Zauberer kann mit seiner Zauberformel jeden in Löwen, Panther, Gorilla, Enten, Schäferhunde, Elefanten oder Füchse (...) verwandeln.

Das Spiel kann sehr wild werden.

Waldemar

🕒 10 bis 15 Minuten
Ab 6 Mitspieler / Gruppenspiel

Wir gehen alle durch den Raum. Gehe

- müde,
- behäbig,
- genügsam.
- Werde schneller.
- Gehe im Schnellschritt.

Uns begleitet eine Wandergeschichte. Wir machen das, was der Wanderführer erzählt und gleichzeitig auch selbst macht. Unser Wanderführer ist der international bekannte Waldemar.

Wanderführer Waldemar erzählt von der Wanderung. Er geht mit uns vom Gut Guldenburg ins Tal der Weisen. Zwischendurch gibt es kleine Episoden, an der uns Wanderführer Waldemar teilhaben lässt.

Waldemar ist eine starke Person und spricht sehr viele *Ich*-Sätze. So taucht in der Geschichte häufig auch sein Name auf. Im Wechsel frieren wir dann alle in unserer Bewegung ein. Taucht sein Name in der Geschichte wiederholt auf, gehen wir weiter und ein anderer Mitspieler wird Waldemar.

Wanderführer Waldemar ist somit unser Zeichen zum Stehenbleiben und zum Weitergehen.

Unsere Wandergeschichte:

Es war eine lange Nacht heute auf Gut Guldenburg. Gleich ist Sonnenaufgang. Ein anstrengender Tag steht uns bevor. Wir stehen auf, putzen unsere Zähne, strecken unsere müden Glieder und ziehen unsere Wanderschuhe über. Waldemar geht heute wandern – *Bewegung einfrieren*. Draußen liegt noch Rauhreif auf den Wiesen. Waldemar geht vor die Tür von Gut Guldenburg – *ein anderer übernimmt die Rolle von Wanderführer Waldemar (dabei weitergehen).*

Es ist draußen saukalt, wir frösteln uns noch einen ab und gehen über einen verträumten Trampelpfad aus dem Mittelalter, der zu einem Badesee führt. Der Pfad ist stark verwildert. An diesem Morgen ist sicherlich noch keiner am See.

Wir sehen von weitem ein Reh im Schilf. Waldemar ist ganz aufmerksam – *Bewegung einfrieren.* Behutsam halten wir Ausschau und wären doch noch gerne zu Hause geblieben.

Waldemar ist nicht zu halten – *ein anderer erzählt weiter [dabei weitergehen].*

Atomspiel

🕒 10 bis 15 Minuten
8 bis 20 Mitspieler / Paarspiel
Hintergrundmusik empfohlen oder Geräusche improvisieren

Wir gehen alle durch den Raum, solange die Hintergrundmusik läuft oder ein bestimmtes Geräusch ertönt. Bricht die Musik oder das Geräusch ab, bilden wir Spielpaare und erzählen dem Spielpartner etwas von uns.

Wenn die Musik oder das Geräusch wieder erklingt, trennen sich die Spielpaare und gehen im Raum umher, bis die Musik wieder erlischt, worauf sie sich mit einem neuen Spielpartner zusammenfinden.

Spielvariation: Stelle deinem Spielpartner kommentarlos persönliche Fragen, zu denen du bisher keine Antwort weißt.

Bewegungsgefühl

🕒 10 Minuten

🚹 6 bis 24 Mitspieler / Gruppen- und Paarspiel

Wir verteilen uns gleichmäßig im Raum. Gehe in deinem Rhythmus. Gehe behäbig. Werde schneller, noch schneller. Gehe mit der Geschwindigkeit, die du auch halten kannst.

Gehe kreuz und quer durch den Raum, nutze auch die Raumecken. Gehe vorwärts, rückwärts, seitwärts. Schaue auch beim Seitwärts- und Rückwärtsgehen nach vorne.

Nutze verschiedene Bewegungsarten:

- Hüpfe,
- schleiche,
- schreite,
- laufe,
- krieche.
- Begrüße jeden nach Lust und Laune.
- Reagiere auf einen Gruß anderer Mitspieler.

Sei grimmig, warm, aufmüpfig, verängstigt, leicht, offen, anmaßend, abwartend, einladend, versöhnlich, freudig, Furcht erregend, launisch, heiter, kühl, verwegen.

Wir bilden Spielpaare von etwa gleicher Körpergröße.

- Gehe mit deinem Spielpartner durch den Raum.
- Stelle dich mit deinem Rücken an den Rücken deines Mitspielers.
- Einer geht dabei vorwärts, der andere rückwärts.

Stelle dich beim Vorwärts- und Rückwärtsgehen auf deinen Partner ein. Gehe mit deinem Partner in einer für euch beide angenehmen Geschwindigkeit.

Gehe zusammen mit deinem Partner in Schrägstellung, wobei du dich mit deinen Oberarmen an deinen Partner anlehnst. Auch hierbei geht einer vorwärts, der andere rückwärts.

Tausche fließend deinen Spielpartner.

Raumgefühl

🕒 15 Minuten
🚹 6 bis 24 Mitspieler / Gruppenspiel

Wir gehen durch den Raum. Gehe in die Richtung, die dir behagt. Gehe schneller. Nutze den ganzen Raum, auch die Ecken. Gehe kreuz und quer durch den Raum. Gehe seitwärts. Dabei bleibt dein Blick nach vorne gerichtet. Gehe seitwärts einmal nach links, einmal nach rechts.

- Gehe vorwärts, rückwärts.
- Halte dein Tempo.
- Gehe auf Zehen.
- Werde schneller, noch schneller.
- Verlangsame dein Tempo, werde noch langsamer.
- Gehe auf deinen Fersen.

Plötzlich wird dein linkes Bein steif. Behalte trotz deines steifen Beines dein Tempo beim Gehen bei.

- Werde schneller, noch schneller.
- Nutze beim Gehen auch die Raumnischen und verschiedene Gehrichtungen.

Gehe mal im Kreis, im Dreieck, mal seitwärts, mal rückwärts. Endlich kannst du wieder normal weitergehen. Und du gehst schneller und noch schneller. Du wirst langsamer, noch langsamer. Gehe ganz langsam. Bleibe stehen.

Gehe jetzt auf deinen Fußaußenseiten. Gehe in deinem Tempo weiter. Werde schneller, laufe.

Plötzlich werden jetzt deine beiden Beine steif. Gehe weiter, nutze den ganzen Raum. Atme weiterhin in gleichbleibendem Rhythmus ein und aus.

Du kannst wieder normal weitergehen.

- Werde langsamer, noch langsamer.
- Bleibe stehen.
- Denk dir für deinen linken Arm eine bestimmte Armstellung aus und durchquere so den Raum.
- Ändere deine Gehrichtung.

Behalte beim Gehen deine Armstellung bei. Nimm zu anderen Mitspielern Kontakt auf. Du kannst sie grüßen, anlachen, ihnen zukniepen. Dein linker Arm bleibt in der eingefrorenen Stellung. Behalte dein Tempo beim Gehen bei.

Nun wird dein ganzer linker Arm steif. Gehe, laufe, haste, verändere dein Tempo in schneller Abfolge. Werde langsamer, noch langsamer.

- Dein linker Arm bleibt eingefroren.
- Gehe weiter.

Jetzt friert auch der rechte Arm ein. Probiere mit beiden eingefrorenen Armen verschiedene passende Gangarten, passende Geschwindigkeiten aus. Denke dir zu den eingefrorenen Armen einen Gesichtsausdruck aus:

- Löwe,
- Affe,
- Hund,
- Gorilla,
- Dirigent,
- Moralist,

- Steuereintreiber,
- Don Juan.

Gehe weiter. Probiere unterschiedliche Gangarten aus, die deiner Armstellung, deinem Gesichtsausdruck entsprechen.

Und jetzt dazu das passende Geräusch: Grunzen, Schmatzen, Fauchen, Pressen, Rufen, Schnaufen. Nimm Kontakt zu anderen Mitspielern auf. Setze Ausdruck, Geräusche, Haltungen ein, ohne andere zu berühren.

Zu allem Überfluß friert auch noch dein Oberkörper ein. Frei bewegen kannst du nur noch deinen Unterkörper.

Reagiere auf deine Mitspieler.

- Verändere laufend deine Gangart, dein Tempo.
- Nutze dabei den ganzen Raum.
- Gehe langsamer, werde schneller.
- Trippele, laufe.
- Werde langsamer, noch langsamer.
- Bleibe stehen.

Die Einfrierungen schmelzen dahin. Gemeinsam probieren wir verschiedene Gangarten aus: Schweben, gleiten, schleichen, schlendern, hüpfen, stolpern, hasten und schreiten.

- Lege dich hin.
- Bleibe eine kleine Weile bei dir.
- Schließe dabei deine Augen.

Handgruß

🕒 10 bis 15 Minuten

6 bis 24 Mitspieler / Gruppenspiel im Kreis

Wir bilden einen Kreis. Einer von uns stellt sich vor seinen rechten Nachbarn, sagt ihm deutlich seinen Vornamen – *Ich bin Florian* – und bietet ihm seine Hand zur Begrüßung. So geht er den Kreis ab, bis er wieder an seinem alten Platz ankommt.

Der jeweils Begrüßte wiederholt seinen Namen: *Guten Tag Florian.* Der Nachbar kann die erste Begrüßungsart verändern. Beispielsweise kann er den Handgruß mit einer tänzerischen Bewegung begleichen und auch so antworten.

- Jeder stellt sich in zwei Durchgängen vor. Beim ersten Durchgang stellst du dich in der gleichen Art vor.
- Beim zweiten Durchgang veränderst du deine Vorstellungsart und bietest jedem einen anderen Handgruß dar.
- Halte bei beiden Durchgängen Augenkontakt mit deinen Partnern.

Begrüßen kannst du deine Mitspieler beispielsweise

- freundlich, zurückhaltend,
- sachlich, auffordernd,
- kess, beschämt,
- auffordernd, verlegen,

- erschüttert, warmherzig
- einladend, schüchtern zurückhaltend,
- offenherzig anhimmelnd,
- forsch, kalt und einfühlsam.

Vorstellen

🕓 45 bis 60 Minuten
6 bis 24 Mitspieler / Paarspiel

Wir bilden Spielpaare. Stelle deinem Spielpartner Fragen zu seiner Person, zu Alltäglichem, zu Verrücktem oder was dir sonst noch einfällt. Dein Spielpartner kann deine Fragen beantworten oder dir einzelne Antworten schuldig bleiben.

Nach deinen Fragen wirst du von deinem Spielpartner befragt. Anschließend werden im Kreis die Rollen getauscht:

- A erzählt in der *Ich*-Form eingebunden in eine kleine Geschichte als B,
- B erzählt in der *Ich*-Form eingebunden in eine kleine Geschichte als A.

Hat der Tauschpartner zu einer Frage aus dem Kreis von seinem Spielpartner keine Information, so kann er sich auch eigene Antworten ausdenken.

ⓘ Zum Übungsende sollte jeder die Möglichkeit zu einer Verständigung mit seinem ursprünglichen Spielpartner haben.

Fragenbeispiele:

- Bist du ein Weintrinker?
- Darf ich dich zum Essen einladen?
- Führst du ein Tagebuch?
- Gehen dir manchmal deine Nachtträume auch tagsüber nach?
- Hast du dich schon einmal verliebt?
- Hast du schon Angst um dein Leben gehabt?
- Hast du schon einmal eine Weltreise gemacht?
- Hast du schon einmal einen Roman gelesen?
- Kennst du für dich Tabus?

- Magst du Federweißen trinken?
- Magst du Katzen?
- Möchtest du gerne verwöhnt werden?

- Möchtest du manchmal so richtig aus deiner Haut fahren?
- Schneidest du dir selbst deine Haare?
- Siehst du morgens das Frühstücksfernsehen?
- Traust du dir zu, Einrad zu fahren?

- Traust du dir zu, mit einem Fallschirm aus großer Höhe aus einem Flugzeug zu springen?
- Verrätst du mir ein Geheimnis von dir?
- Was bist du für ein Farbtyp?
- Wo möchtest du gerne auf Dauer leben?

Bänkelsänger *Basisgesang*

🕒 10 Minuten bei mehreren Durchgängen
Ab 8 Mitspieler / Gruppenspiel

Wir bilden einen Kreis. Einer geht in die Kreismitte und singt ein bekanntes oder selbst ausgedachtes Lied mit zwei bis drei Liedzeile. Alle anderen stimmen sofort in den Gesang mit ein.

Ist der Text nicht bekannt, reicht zur Unterstützung auch ein kräftiges *La-la-la* im Rhythmus der Melodie und zeitgleiche, passende rhythmische Bewegungen.

Nach den vorgetragenen Liedzeilen geht entweder ein anderer von sich aus in den Kreis oder der jeweilige Sänger bestimmt einen aus dem Kreis im schnellen Wechsel.

Bänkelsänger *Volumengesang*

🕒 10 Minuten bei mehreren Durchgängen
Ab 8 Mitspieler / Gruppenspiel

Wir bilden einen Kreis. Einer geht in die Kreismitte und singt ein Lied mit einer bekannten oder selbst erfundenen Melodie. Alle anderen stimmen sofort in den Gesang mit ein.

Der Sänger gibt mit seinen erhobenen Fingern das Stimmvolumen vor.

Ein einziger gehobener Finger deutet auf einen fast dahingehauchten zarten Gesang, und zehn gehobene Finger erwarten so die volle Stimme bis zum Anschlag.

Drittes Kapitel: Bewegen und lockern

Zum Spieleinsatz

Statt Perfektion und Schnelligkeit bietet das Kapitel *Bewegen und lockern* jedem Mitspieler Bewegungserfahrung mit seinem persönlichen Bewegungsrhythmus.

Die Spielzeit ist großzügig bemessen.

Spiele für Spielpaare:

- *Handgeschichten* und
- *Spiegel.*

Alle anderen Spiele sind für die ganze Gruppe gleichzeitig einsetzbar.

Handlockerung

🕒 10 bis 15 Minuten
8 bis 30 Mitspieler / Gruppenspiel

Wir bilden einen großen Kreis. Gib deinem rechten Nachbarn die ausgestreckte Hand, ohne dabei zu sprechen. Lasst die Hände wieder los.

Blicke zur Kreismitte und schüttele deine Hände so vor dir aus, als ob du sie von dir wegschmeißen wolltest. Bilde Fäuste, zähle in Gedanken bis fünf und lass deine Fäuste wieder los.

Bilde und löse die Fäuste im Takt – eins, zwei, drei, vier, fünf – atme ein und spanne deine Hände zu Fäuste an. Eins, zwei, drei, vier, fünf – Luft anhalten und in einem Stoß loslassen. Wiederhole in deinem Rhythmus das An- und Entspannen.

Wir bilden zusammen das große Meer. Mit unseren ausgestreckten Händen schwellen wir nach und nach gemeinsam zu einer Flutwelle heran.

Zuerst bilden wir rechtsherum eine kleine Plätscherwelle, die nach und nach zu einer großen Flutwelle anschwillt. Schließlich ebbt die große Welle nach und nach wieder ab bis sie verebbt.

Jetzt schwillt linksherum die Plätscherwelle zu einer Flutwelle an. Wiederhole das Auf und das Ab der verschiedenen Wellen rechtsherum und linksherum mehrmals in deinem Rhythmus.

Bewege nacheinander die einzelnen Finger. Bewege zuerst die Finger deiner rechten Hand, dann die Finger deiner linken Hand. Beginne beim Strecken deiner Finger mit deinem Daumen und ende jeweils mit deinem kleinen Finger. Wiederhole das Fingerstrecken mehrmals.

- *Fingerwinkeln:*
  Winkele deine Finger an – zuerst die Finger deiner rechten Hand, dann die Finger deiner linken Hand. Beginne auch hier wieder mit deinem Daumen und ende mit deinem kleinen Finger.

- *Fingerklatschen:*
  Klatsche mit dem rechten Zeigefinger auf den linken Daumen, zuerst langsam, dann immer schneller. Probiere danach die anderen Finger zum Fingerklatschen im gemeinsamen Rhythmus aus, Mittelfinger auf den Mittelfinger, Daumen auf den Daumen und kleiner Finger auf den Zeigefinger.

- *Händeklatschen:*
  Wir kennen es aus dem Tanzunterricht – *eins, zwei, cha-cha-cha* oder *eins, zwei eins-eins-eins*. Erst zusammen ganz langsam *eins, zwei eins-eins-eins* und dann diesen Rhythmus mit *eins, zwei eins-eins-eins* steigern und noch mehr steigern – bis zum gemeinsamen Ausklang.

Ritualgruß

🕒 5 bis 10 Minuten
Ab 8 Mitspieler / Gruppenspiel

Wir bilden einen Kreis, entbieten unsere Ritualgrüße jeweils mehrmals und reagieren darauf, ohne dabei zu sprechen. Wende dich bei jedem Gruß nacheinander verschiedenen Mitspielern zu und reagiere auch auf den dir dargebotenen Gruß.

- Grüne Männchen steigen aus ihrem Ufo.
- Zeige mit einladenden Handbewegungen den grünen Männchen dein Willkommen.

- Verteile andachtsvoll deinen Segen und danke für den empfangenen Segen.
- Du stehst auf dem Balkon und huldigst den stürmischen Jubelschreien deines Volkes.

- Winke einem Ozeanriesen am Horizont zu.
- Als Zeremonienmeister entbietest du seiner kaiserlichen Eminenz in lächelnder Freundlichkeit deine Ehrfurcht.
- Du spendest beruhigend deinen Trost.
- Im Hauptbahnhof weilst du für ein rührendes Wiedersehen im Zeitlupentempo.

- Wir verbeugen uns im Kreis zur Kreismitte hin.
- Fasse mit deinen ausgeweiteten Armen deine Spielnachbarn zu deiner rechten und deiner linken Seite fest an den Oberarmen. Und schon verbeugen wir uns gemeinsam mehrmals.

Spiegel

🕒 30 bis 40 Minuten
Ab 6 Mitspieler / Paarspiel

Stelle dich vor einen anderen Mitspieler. Schaue deinem Partner in die Augen. Einer bewegt sich, der andere spiegelt seine Bewegungen. Bewege dich so, dass sich deine Bewegungen auch spiegeln lassen.

Spiegelt die Bewegungen zeitgleich und in der gleichen Geschwindigkeit. Der gemeinsame Bewegungsfluss stellt sich nach etwas Übung schnell ein.

Sieh deinem Partner während der Übung in die Augen. Nach mehreren Minuten wechselt die Bewegungsführung und geht auf deinen Partner über. Abschließend wechselt der Impulsgeber fließend.

Befreiung

🕒 15 bis 20 Minuten
Ab 12 Mitspieler / Gruppenspiel

Wir bilden zwei Kreise. Ein Kreis bildet den Innenkreis, der andere den Außenkreis.

Alle Mitspieler im Innenkreis setzen sich auf Stühle, wobei ein Platz frei bleibt. Alle des Außenkreises stellen sich als Aufpasser hinter die Stühle des Innenkreises.

Jetzt versuchen die Mitspieler links oder rechts des freien Stuhls einen anderen Mitspieler aus dem Innenkreis mit einem Augenblinzeln zu locken. Das Weglocken klappt nicht immer, da der persönliche Aufpasser das zu verhindern versucht.

Vielleicht lassen sich die Aufpasser auch täuschen, indem ein Mitspieler einen Aufpasser offen anblinzelt und der andere Mitspieler unscheinbar wirkt. Rollentausch nach mehreren geglückten Befreiungen.

Fußlockerung

🕒 10 bis 15 Minuten
8 bis 30 Mitspieler / Gruppenspiel

Wir bilden gemeinsam einen Kreis. Lass zu den Spielnachbarn zu deiner rechten und linken Seite so viel Platz, dass du im Stehen beim Armkreisen deine Nachbarn nicht berühren kannst. Lege deine Hände zu beiden Seiten an dein Hüftgelenk.

Atme tief ein und versteife beim Einatmen deine Füße so, als ob die Blutzufuhr abgeschnürt würde – lass sie beim Ausatmen wieder in deine Füße fließen.

Schüttele beim Ausatmen deine Füße zur Kreismitte hin aus. Kreise mit deinen Füßen bis zur äußersten Anspannung.

- Kreise zuerst mit deinem rechten Fuß und danach mit deinem linken jeweils mehrmals rechtsherum und dann mehrfach linksherum.

Kreise mit deinen Füßen in einer möglichst gleichbleibenden Geschwindigkeit, dass du ohne große Anspannung die Balance halten kannst.

- Wenn du dich sicher fühlst, schließe beim Fußkreisen deine Augen.

Spreize und strecke deine einzelnen Zehen. Beginne zuerst die Zehen zu spreizen – zuerst mit deinem rechten Fuß, danach mit deinem linken.

- Fühlst du dich mit deinem Zehenspreizen sicher, strecke deine einzelnen Zehen nacheinander in der gleichen Abfolge nach vorne – zuerst mit deinem rechten Fuß, danach mit deinem linken. Stelle dich auf deine Zehenspitzen.

Wechsele ständig mit einem einbeinigen und einem zweibeinigen Stehen ab.

- Stelle dich auf die Versen – wechsele auch hier ständig zwischen ein- und zweibeinigem Stehen.
- Stelle dich auf die Außen- bzw. Innenseiten deiner Füße.
- Variiere die einzelnen Stellformen in deinem Rhythmus und deiner Intensität.

Hand- und Fußhandlungen

🕒 10 bis 15 Minuten
🚹 8 bis 30 Mitspieler / Gruppenspiel

Wir bilden einen Kreis. Lass zu deinen Spielnachbarn so viel Platz, dass du bequem stehen kannst, ohne einen anderen zu behindern.

Wir stehen fest auf unseren Füßen, von den Schultern hängen die Arme schlaff herab. Wir beschäftigen jetzt gemeinsam Füße und Arme.

Friere mit deinen Armen und Füßen jeweils nach wenigen Augenblicken in eine für die Handlung typische Stellung ein, und sieh dir dabei auch die eingefrorenen Körperpositionen deiner Spielpartner an.

Zeige deinen eingefrorenen Gefühlsausdruck nur mit deinen Armen und deinen Füßen, ohne dabei zu sprechen. Stelle beispielsweise dar:

- Ausgehungert vor den Auslagen des Feinkostladens.
- Blauwal auf See.
- Der glücklichste Neuseeländer.
- Eingefroren im Tiefkühlfach.

- Eingeschüchtert durch die Hausmeisterin von gegenüber.
- Elektrisierte Klapperschlange.
- Erbost über das viele Schlechte in der Welt.
- Furcht vor dem großen Dinosaurier.

- Geköpftes Ei.
- Getrocknete Pfingstrose.
- Gewärmt von anregenden Sonnenstrahlen.
- Goldmedaille bei Olympia.

- Japaner auf dem Fernsehturm.
- Langeweile in der Absteige.

- Lavendeldüfte erfüllen die Luft.
- Mönch beim meditativen Talblick.

- Nervosität bei der Ziehung der Lottozahlen.
- Reporter mit der Sensation.
- Schnarcher auf dem Sofa.
- Selbstbewusstsein als neuer Mann/neue Frau.

- Übermütige Weinbergschnecke.
- Verliebt mit einem Frosch im Hals.
- Zitteraal im Schleudergang.
- Zukunftsangst und überhaupt.

Wettrennen

🕒 20 bis 30 Minuten bei mehreren Durchgängen
Ab 8 Mitspieler / Gruppenspiel

Wir bilden zwei Spielgruppen. Jeweils im Wechsel bewegt sich eine Sportlergruppe in Zeitlupe. Die andere Gruppe schaut dabei den Sportlern zu.

Beim Wettrennen interessiert keinen die Geschwindigkeit zwischen A und B, wohl jedoch der gleichmäßige Bewegungsfluss aller Sportler.

Die Sportler stellen sich nebeneinander auf und setzen sich beim Start in Zeitlupe in Bewegung. Geatmet wird dabei ebenfalls in Zeitlupe. Dabei spiegelt das Gesicht die jeweils sporttypische Anstrengung der neuen Sportarten wider:

- Aalfang am Flussdelta.
- Ameisenquetschen am Lagerfeuer.
- Barfuß genüsslich im Schnee wandern.
- Baumschatten-Springen im Hochsommer.
- Baumstammwerfen.

- Bike-Rennen auf spiegelglatter Straße.
- Eichhörnchenspringen im Herbst.
- Elefantenballett im Morast.

- Eselreiten am Rotem Meer.
- Fallschirmspringen über den Hochofen.
- Fliegenklatschen vorm Gewitter.
- Heimgang mit vier Promille.

- Heißluftballon aufblasen *[mit viel Puste]*.
- Kaffeetablett im Intercity bei 400 km/h servieren.
- Kartoffelschälen für den Kirchentag.
- Knastausbruch im Hochsprung.

- Kreissägen-Buggi *[mit Ton]*.
- Marathonlauf im Schlussverkauf.
- Motorradrennen durchs steinige Gelände.
- Pferderennen auf allen Vieren.

- Regenwurm-Twist im Nieselregen.
- Robben durch den Uferschlamm.
- Rollschuhwanderung im Sand.
- Rübenwerfen im Herbst.

- Rückwärtsgehen auf einem Förderband.
- Salzstangen-Marathon-Hochsprung.
- Schlittschuhlaufen in der Wüste.
- Schneemann-Schmelze bis zur Pfütze.

- Seilchenspringen auf Glatteis.
- Seilschaften knüpfen.
- Windhundrennen vor der Queen.
- Zuckerwattenlauf in der Sahara.

Handgeschichten

🕒 10 bis 15 Minuten
8 bis 30 Mitspieler / Paarspiel

Wir bilden Spielpaare. Erzähle, beichte, frage nach, berate, verwerfe, tratsche, oder berichte deinem Spielpartner mit deinen Händen und deinen Füßen eine kleine Begebenheit aus deinem Leben. Dabei kannst du die Wahrheit reichlich verbiegen.

Dein Spielpartner reagiert als Hand- und Fußgesprächspartner und erzählt dir nachher auch seine Geschichte, worauf du mit deinen Händen und Füßen reagierst.

Kläre zu Spielbeginn durch deine Hände und Füße mit deinem Partner ab, wer zuerst eine Begebenheit aus seinem Leben erzählt und wer mit seinen Händen und seinen Füßen zuhört.

- Abschlussprüfung – Ausfall wegen Glatteis.
- Allein in der Wüste – die Sonne brennt.
- Autoreifen geplatzt – kein Wagenheber.
- Beziehungsdrama aus dem wirklichen Leben.

- Dringender Termin – ausgerutscht auf Hundescheiße.
- Ein schöner Traum ist wahr geworden.
- Eine Tonne leckeres Speiseeis – und keine Tiefkühltruhe.
- Kampf mit zwei Krokodilen im Amazonas.

- Kuchen im Ofen verbrannt – der Besuch klingelt.
- Preiserhöhung deines Lieblingsgetränks.
- Reise für zwei Personen nach Florida gewonnen.
- Strom ausgefallen – im Aufzug festgesessen.

- Unfallflucht – hat mich einer erkannt?
- Vater/Mutter geworden – es sind Zwillinge.
- Verkehrsunfall mit Blechschaden.
- Verspekuliert – das ganze Vermögen ist hin.

Tauziehen

5 Minuten
8 bis 24 Mitspieler / Gruppenspiel

Da liegt ein Tau, das keiner sehen kann. Wir teilen uns in zwei Gruppen. Jede Gruppe zieht mit voller Kraft die jeweils andere Gruppe mit dem nicht sichtbaren Tau zu sich.

Das fiktive Tau fühlt sich wie ein richtiges dickes Seemannstau an. Das Tau ist rauh, das Tau ist schwer, das Tau ist fest.

Wir strengen uns kräftig an, kommen ins Schwitzen – damit wir die jeweils andere Gruppe zu uns herüberziehen können.

Das Tau ist fest und kein Kaugummi – reagiert aufeinander. Der räumliche Abstand zwischen den beiden ziehenden Gruppen muss daher gleich bleiben und darf sich nicht dehnen.

Strandwanderung

10 Minuten
Ab 8 Mitspieler / Gruppenspiel

Ebbe und Flut kommen an der Küste so sicher wie Tag und Nacht. Bei Ebbe läuft das Wasser ins Meer zurück. Bei Flut kommt das Wasser wieder bis an das Ufer.

Wir machen gemeinsam eine erholsame Strandwanderung. Dazu erzähle ich eine schöne Geschichte mit kleinen Begebenheiten.

Fällt bei der Geschichte das Wort Ebbe, werfen wir uns alle platt auf den Boden. Fällt bei der Geschichte das Wort Flut,

- steigen, schreien, kreischen, laufen wir um unser Leben,
- springen wir *[sofern vorhanden]* auf Stühle,
- steigen wir *[sofern vorhanden]* auf Tische,

- klettern wir auf die Schultern der Mitspieler und harren dort bis auf ein Zeichen aus – *Händeklatschen*.

Und das macht ihr nach:

- Andere einölen.
- Comik-Strandlaute schreien: uff, ächs, stöhn, peng, poing.
- Federball spielen.
- Feiner Sand durch die Zehen rieseln lassen.

- Flut abwarten.
- Hose hochkrempeln.
- Im Sand einigeln.
- Im Sand nach Gold schürfen.

- In der Nase bohren.
- Jemandem einen Strandkorb geben.
- Jemanden Huckepack nehmen.
- Muscheln sammeln.

- Pausenzeichen des Deichradios funken.
- Sandburgen bauen.
- Sandburgen zerstören – *die der anderen*.
- Schlangen bilden.

- Schneckenhäuser sammeln.
- Schwimmen lernen.
- Sich einbuddeln.
- Sich einen Sonnenbrand holen.

- Sich einölen.
- Sonnenbaden.
- Um Sandburgen herumwühlen.
- Wasserstand messen.

Fixpunkt

🕒 15 bis 20 Minuten
6 bis 24 Mitspieler

Wir verteilen uns gleichmäßig im Raum. Fixiere einen Punkt im Raum, einen Pfeiler, ein Fenster, einen Stuhl oder auch den Boden. Halte deinen Kopf nach vorne und stelle dir dabei eine waagerechte und eine senkrechte Linie vor.

Gehe mit dem Fixpunkt durch den Raum. Dabei sind alle Bewegungsarten erlaubt. Gehe langsam.

Fixiere mit einem Partner zusammen einen Punkt. Berühre deinen Partner leicht an der Schulter. Die Bewegungsrichtung entspricht der Stärke des Antippens, wobei der Fixpunkt beizubehalten ist.

Der Impulsgeber erzählt eine Alltagshandlung, die sein Spielpartner ausführt. Der Fixpunkt ist beizubehalten. Anschließend Rollentausch.

Spielvariation:

Vier Mitspieler tanzen gemeinsam einen Tango. Alle anderen schauen zu und klatschen dabei den Rhythmus. Die Tänzer halten den Fixpunkt.

Viertes Kapitel: Konzentration und Präsenz

Zum Spieleinsatz

Das Kapitel *Konzentration und Präsenz* intensiviert vor allem mit einfachen Bewegungs- und Atemübungen gemeinsame Spielerfahrungen mit einem Spielpartner und in der Gruppe. Störende Außeneinwirkungen sind zu vermeiden.

Bei den Spielen

- *Atempendel, Hände bewegen* und
- *Selbstwahrnehmung*

eignet sich auch der gleichzeitige Einsatz von dezent *eingespielter* Hintergrundmusik.

Spiele für Spielpaare:

- *Atempendel,*
- *Blindenspiel,*
- *Partnerinterview* und
- *Spiegelhandlungen.*

Gruppenspiele für die ganze Spielgruppe, bei denen sich die Mitspieler untereinander schon etwas kennen sollten:

- *Armatmen,*
- *Erwachen,*
- *Hallo Grundform,*
- *Hallo Variation,*
- *Hände bewegen,*
- *Körperatmen,*
- *Paarklopfen,*
- *Schütteln,*
- *Selbstwahrnehmung,*
- *Ton- und Bewegungswellen* und
- *Wirf die Zahl.*

Hände bewegen

🕒 30 bis 40 Minuten
🚹 6 bis 20 Mitspieler / Gruppenspiel

Wir stellen uns im Kreis auf. Atme durch die Nase ein, halte die Luft an und atme anschließend durch den Mund aus. Einatmen etwa vier bis fünf Sekunden. Luft etwa zehn bis zwölf Sekunden anhalten. Ausatmen in einem Zug. Lass beim Ausatmen einen Ton kommen. Atme in deinem Rhythmus ein und aus.

Senke und hebe seitwärts im Wechsel deinen Kopf in deinem Atemrhythmus *[keine Kreisbewegungen]*:

- Senke behutsam deinen Kopf zur linken Schulter und atme dabei ein. Halte eine kurze Weile die Luft an.
- Hebe langsam deinen Kopf zur Ausgangsposition und atme dabei aus.
- Senke behutsam deinen Kopf zur rechten Schulter und atme dabei ein. Halte eine kurze Weile die Luft an.
- Hebe langsam deinen Kopf zur Ausgangsposition und atme dabei aus.
- Wiederhole das wechselseitige Senken und Heben mehrmals in deinem Rhythmus.
- Beim Einatmen kannst du begleitend auch deine Hände zu Fäuste ballen und beim Ausatmen wieder loslassen.

Und jetzt deine Schultern. Drücke mit den Schultern und der Atmung aus:

- Überraschung, Abwehr, Furcht, Macht, Erschrecken, Angst, Anmaßung, Schwäche, Abhängigkeit, Wut, Erleichterung, Neugierde, Enttäuschung, Freude, Wohlwollen und Selbstbewußtsein.

Drücke mit deinen Händen und mit deinen Armen aus:

- nehmen, abwehren, ziehen, zeigen, herbeizitieren, reißen, drücken, zerreißen, wegdrücken, vorbeiwinken, begrüßen, berühren, holen, herausnehmen, verstecken, deuten und geben.

Du bewegst dich als Astronaut schwerelos in deiner Raumkapsel. Drücke dieses mit den Händen, mit den Armen, mit der Körperhaltung aus: Du bewegst dich in der Kapsel, du tauchst, du schwebst, du fliegst und du robbst.

Probiere verschiedene Handbewegungen aus.

- Mache mit dem linken Arm Quadrate und mit dem rechten Arm kreisförmige Bewegungen.
- Beginne zuerst mit kleinen Bewegungen, die langsam größer werden.
- Zum Schluss stehst du auf deinen Zehen, machst Riesenquadrate, Riesenkreise.

Berühre mit deinen Händen blitzschnell irgendein bestimmtes Körperteil, als hätte dich der Blitz getroffen. Die linke Hand zuckt zum Kopf. Die rechte Hand zuckt zu deiner Ferse.

Die linke Hand zuckt zu deinem Rücken. Die rechte Hand zuckt an deine Schenkel. Bewege dich durch den Raum und achte auf deine Handbewegungen. Setze deine Hände bewusst ein.

Du befindest dich in Peking in einer Menschenmenge auf dem *Platz des himmlischen Friedens.*

- Verständigen kannst Du dich nur mit angezogenen Schultern und hochgestreckten Armen. Stelle einen Kontakt zwischen dir und den Gegenständen des Raumes her.

Die Kontaktaufnahme erfolgt mit Armbewegungen:

- Kreise mit dem linken Arm, mache mit dem rechten Arm Rechtecke. Links Quadrate, rechts Ovale.
- Links geht der Arm auf und ab, rechts schlägst du Kreuze.

Nimm mit deinen Hand- und Armbewegungen Kontakt zu deinen Mitspielern auf.

- Beziehe dabei deine Schultern mit ein.
- Beziehe deinen Kopf und deinen Körper mit ein.
- Mache langsam – du hast Zeit.

Blindenspiel

🕒 15 bis 20 Minuten mit Rollentausch
🚹 6 bis 24 Mitspieler / Paarspiel

Wir bilden Spielpaare. A schließt die Augen. B führt den *Blinden* im Vorwärtsgehen mit einem leichten Antippen seiner ausgestreckten Fingerspitzen im Raum. Das Antippen von B gibt A die Information für eine mögliche Richtungsänderung. So wird ein Zusammenstoß mit einen anderen Mitspieler vermieden.

Nach einer ersten Raumerkundung im Vorwärtsgehen wird es jetzt etwas schwieriger:

- Rückwärtsgehen,
- auf allen vieren kriechen oder
- vorsichtig auf einen Stuhl steigen.

Nach mehreren Durchgängen mit *Rollenwechsel* gibt der *Sehende* dem *Blinden* Richtungsanweisungen mit einfachen eindeutigen Lauten, wie

- Schnurren,
- Brummen
- und Hauchen.

Mit der Art der Laute kannst du Gefahr, Nähe, Öffnung und Abstand signalisieren.

Spiegelhandlungen

🕒 10 bis 15 Minuten
🚹 8 bis 20 Mitspieler / Paarspiel

Wir bilden Spielpaare. Stelle dich vor deinen Partner. Ein Spielpartner macht langsam eine Bewegung vor. Sein Partner macht diese Bewegung gleichzeitig spiegelbildlich nach. Rollenwechsel nach jeder einzelnen Darstellung. Beispiele für Spiegelhandlungen:

- Mit der Sense die Wiese mähen.
- Eine Schaufensterscheibe tragen.
- Sich nass rasieren.

- Gymnastik im Schneckentempo betreiben.
- Sich an einem Strick hochziehen.
- Auf dem Berg Ausschau ins Tal halten.

Erwachen

🕒 10 bis 15 Minuten
🚹 Ab 6 Mitspieler / Gruppenspiel

Wir legen uns auf den Boden. Es ist früher Morgen. Du bist noch müde und wachst langsam auf. Du reckst und streckst behutsam deine Glieder. Allmählich fließt Tagesfrische in deinen Körper. Du spürst deinen Körper als Ganzes und die erwachende Tageskraft in deinen Körperpartien.

- Du spürst deine Beine, deine Arme, deinen Kopf.
- Du spürst deinen ganzen Körper, deine Muskeln.
- Du gähnst nach Herzenslust.
- Du streckst, du dehnst deinen ganzen Körper.
- Du stehst auf. Mache langsam. Du stehst.

Schüttele deinen Körper. Lass deine Arme fallen. Spanne beim Einatmen deine Glieder an. Lass beim Ausatmen deine Glieder los. Du bist aufgestanden. Ein neuer Tag ist erwacht – und du bist es auch.

Ton- und Bewegungswellen

🕒 5 bis 10 Minuten
🚹 6 bis 30 Mitspieler / Gruppenspiel

Wir setzen uns alle im Kreis. Reiche deinen Spielnachbarn zu deiner linken und deiner rechten Seite deine Hände. Schließe deine Augen. Einer von uns gibt einen Summ- oder Pfeifton an.

Dieser Ton wird als Signal mit einem leichten Händedruck an die jeweiligen Nachbarn zur rechten oder zur linken Seite weitergegeben und bis zu einem neuen Ton und einem neuen Signal beibehalten.

Der Signalempfänger kann den Ton leicht verändern und ihn auch zurückschicken, indem er ihn wiederholt. So können gleichzeitig mehrere Summ- und Pfeiftöne im Kreis umherwandern.

Bei Spielsicherheit:

Bewege deinen Oberkörper passend zu den Tonwellen zur Kreismitte hin. Verstärke und vermindere die Tonwelle mit einer gleichzeitigen Bewegungswelle. Nutze dazu auch deine Arme und deinen Kopf.

Finde zu einem gemeinsamen Ton- und Bewegungsausklang mit deinen Spielnachbarn. Zum Ausklang flachen die Tonwellen ab und werden leiser und leiser, und die Bewegungswellen frieren ebben mehr und mehr ab.

Selbstwahrnehmung

🕒 10 bis 15 Minuten
🚹 6 bis 24 Mitspieler / Gruppenspiel

Wir legen uns alle auf den Boden, ohne einen anderen zu behindern. Verspürst du an deinem Körper einen leichten Druck, so versuche ihn zu vermindern. Lockere beispielsweise den Gürtel oder lege deine Brille, deine Armbanduhr beiseite.

Lege deine Hände auf dein Zwerchfell. Schließe deine Augen. Du spürst deine Atmung, sie fließt durch dich hindurch. Bleibe bei dir. Du spürst deine Füße, deine Fußsohlen. Du spürst deine Unterschenkel. Du spürst deine Knie und deine Oberschenkel.

Du spürst deinen Po und deinen Rücken, seine Größe und Ausdehnung. Du spürst deine Schultern und deine beiden Schulterblätter. Du spürst deinen Bauch. Du spürst deine linke und deine rechte Brust. Du spürst deine Hände und die einzelnen Finger deiner Hände.

Du spürst deine Unterarme. Du spürst deine Oberarme. Du spürst deine Arme als Ganzes. Du spürst deinen Nacken, deinen Hals. Du spürst deinen Kopf als Ganzes. Du spürst dein Gesicht. Du spürst deine Gesichtspartien. Du spürst deine Stirn, die Wangen, die Nase. Du spürst deinen Mund, die Mundpartien. Du spürst dein Gesicht als Ganzes.

Dein Atem fließt in deinen ganzen Körper. Dein Atem fließt in deine Beine, deine Arme. Dein Atem fließt in deinen Kopf. Dein Körper wird warm, deine Adern beleben dich. Du spürst deinen ganzen Körper. Du spürst

- deine Empfindungen,
- den Raum,
- die Wärme,
- die Kälte.

Du hörst Geräusche. Du riechst unterschiedliche Gerüche. Du lässt die Atmosphäre des Raumes auf dich wirken.

Bleibe bei dir. Lass deine Atmung fließen. Lass deine Augen geschlossen. Atme langsam ein und aus. Öffne deine Augen. Lass den Raum auf dich wirken. Verweile eine Weile bei dir.

Paarklopfen

15 bis 20 Minuten
Ab 6 Mitspieler / Paarspiel

Jeweils zwei Mitspieler mit etwa gleicher Körpergröße bilden ein Spielpaar. Stellt euch paarweise hintereinander auf.

Der vorne stehende Spielpartner spreizt seine Beine links und rechts zur Seite ab und lässt dabei seinen Oberkörper nach vorne fallen und seinen Kopf herunterhängen.

Der hintere Spielpartner klopft im Rhythmus mit seinen Handinnenseiten auf den Rücken seines Spielpartners.

Beginne mit dem Klopfen bei den Schulterpartien und ende bei den Beinen. Die Wirbelsäule ist beim Klopfen auszusparen.

Der vordere Spielpartner bleibt beim Paarklopfen mit geöffnetem Mund in seiner gebeugten Haltung. Beim rhythmischen Klopfen kann er seine Atmung mit einem Ton begleiten – *Hhhh* oder *Ooooh*.

Der hintere Spielpartner streicht am Ende der Übung mit seinen geöffneten Handinnenseiten langsam die abgeklopften Körperpartien ab.

Beginne beim Ausstreichen bei den Schulterpartien, streiche gleichmäßig. Danach Rollentausch.

Körperatmen

◷ 5 bis 10 Minuten
Ab 6 Mitspieler / Gruppenspiel

Wir stellen uns alle so in den Kreis, dass wir keinen anderen Mitspieler behindern und uns mit ausgestreckten Armen noch ausreichend bewegen können.

Atmet in einem Rhythmus gemeinsam ein und aus. Kneife deine beiden Pobacken beim Einatmen fest zusammen und lass sie beim Ausatmen wieder los.

Die Anspannung deiner Pobacken kannst du von den Oberschenkeln bis zu den Knien spüren. Wiederhole das Einatmen und das Ausatmen mehrmals in deinem Rhythmus.

Atme dabei bis in dein Zwerchfell ein, so dass du auch deinen Bauch spürst. Beim Einatmen hebt oder wölbt sich dein Bauch, und beim Ausatmen fällt dein Bauch in seine Ausgangsposition zurück.

Ziehe deinen Bauch beim Einatmen fest ein.

- Unterstütze das Einatmen mit einem Gegendruck deiner Hände gegen deine Wirbelsäule.
- Atme ohne jeden Gegendruck aus.

Beim weiteren Bauchatmen kannst du jetzt tiefer in deinen Bauch hineingehen. Wiederhole das Einatmen und das Ausatmen mehrmals in deinem Rhythmus.

Richte dich beim Einatmen senkrecht auf und lasse dich beim Ausatmen wie ein Kartoffelsack fallen. Bleibe dabei stehen.

Wiederhole das Ein- und Ausatmen mehrmals in deinem Rhythmus.

Atempendel

🕒 20 bis 30 Minuten
🚹 Ab 6 Mitspieler / Paarspiel

Wir verteilen uns im Raum. Lege dich hin. Schließe deine Augen. Strecke deinen Körper. Atme tief ein und in einem Zug aus. Richte dich langsam auf. Lass beim Aufstehen deine Augen geschlossen. Achte beim Aufrichten auf Atmungsfluss, Atmungstiefe und Atmungsbreite.

Du hast dich aufgerichtet. Lass dabei deine Augen geschlossen. Pendle im Raum umher, spüre deine Atmung. Pendle in deinem Atemrhythmus. Triffst du auf einen Mitspieler, so pendele mit ihm gemeinsam. Pendelt zusammen mit geschlossenen Augen Rücken an Rücken. Nimm einen Handkontakt auf.

Stellt euch gegenüber, pendelt Hand in Hand. Probiert gemeinsam verschiedene Pendelformen aus: Vorwärts/rückwärts. Rücken/Rücken. Statue mit Kreisbewegungen.

Schaukelt seitwärts von links nach rechts, von rechts nach links. Nutzt den ganzen Raum. Macht beim Pendeln die Atmung hörbar. Probiert verschiedene Töne, verschiedene Laute aus: Pfeifen, Summen, *Aaaah ..., Eeeeh ..., Ooooh.*

Nehmt gemeinsam als Spielpaar im Zusammenspiel mit eurer Stimme, eurer Bewegung Kontakt zu anderen Paaren auf.

Probiert zu viert verschiedene Ausdrucksmöglichkeiten im Einklang von Stimme und Bewegung aus. Jetzt wachsen wir alle zu einer Klang- und Bewegungspendelgruppe zusammen. Gemeinsam summen, gemeinsam tönen, gemeinsam pendeln wir.

Achte dabei auf deine Atmung, achte auf deine Stimme, achte auf dein Pendeln. Du hast Zeit.

Hallo *Grundform*

🕒 10 bis 15 Minuten
Ab 8 Mitspieler / Gruppenspiel

Wir gehen durch den Raum. Wir haben uns alle lange nicht mehr gesehen. Du magst zwar nicht jeden, aber Einzelne um so mehr.

Gehe im Halbstarkengang umher und schau dir diese Gestalten erst einmal von der Seite aus an. Gehe dabei in deinem Rhythmus weiter. Schau

- hinterher,
- weg,
- einfach so - als wärst du ein anderer,
- seitwärts, vorwärts.

Es ist früher Morgen – du bist noch nicht ganz wach. Verschlafen gehst du ziellos durch den Raum, reckst deine Glieder.

Und jetzt zuckt ein Ruck durch deine Glieder: Einmal richtig tief durchatmen, und die Welt sieht schon ganz anders aus.

Grüße mit einem *Hallo!* immer nur einen deiner Spielnachbarn. Spiele bei deinem *Hallo!* mit der Betonung, mit deiner Gestik und mit kurzem Verweilen. Und immer wieder begegnest du Gleichgesinnten.

Jede einzelne Bewegungsart beginnt auf ein Zeichen – *Händeklatschen oder Gong schlagen.* Ertönt das gleiche Zeichen wieder, erstarrt jeder in seiner Bewegung. Ertönt das Zeichen erneut, beginnt eine andere Bewegungsart.

Die Bewegungsarten:

- Du begleitest eine Trauergemeinde.
- Du trägst beim Umzug das Klavier.
- Du bist nach dem Langlauf ausgemergelt.

- Du wandelst über eine duftende Margeritenwiese.

- Du bist der erste Mensch auf dem Mars.
- Du pustest einen Riesenluftballon auf.
- Auf der Flucht nach dem Bankraub.
- Auf dem Stoppelfeld.

- Auf Moos am Waldrand.
- Auf Asphalt unter der Julisonne.
- Auf dem Motorrad auf Sonnentour.
- Im Wandergang mit vollem Magen.

- Im Schneesturm auf Grönland.
- Im Planschbad für Kleinkinder.
- Noch Kilometer bis zur nächsten Oase.
- Teppichklopfen im Akkord.

Hallo *Variation*

🕒 10 bis 15 Minuten
Ab 8 Mitspieler / Gruppenspiel

Wir gehen durch den Raum. Wir haben uns alle lange nicht mehr gesehen. Du magst zwar nicht jeden, aber Einzelne um so mehr.

Ertönt das Zeichen nach einem Erstarren ohne veränderte Spielansage zweimal kurz hintereinander, ist die gleiche Bewegungsart fortzusetzen.

Die Bewegungsarten:

- Du bist ein hungriger Schäferhund.
- Du bist ein trunkener Schlafwandler.
- Du drehst dich um die eigene Achse.

- Du fährst Schlittschuh.

- Du gehst als Einbrecher deinem Beruf nach.
- Du gehst als Fotomodell über den Laufsteg.
- Du gehst als gedankenverlorener Dichter.
- Du gehst als Marionette einkaufen.

- Du gehst im Dreieck.
- Du gehst mit einem Stich in der Optik.
- Du gehst über ein schwankendes Boot.
- Du hüpfst.

- Du kegelst.
- Du kriechst auf allen vieren.
- Du schwebst als Geist.
- Du spielst Fußball.

Was ist anders?

🕒 5 Minuten für jeden Durchgang
Ab 8 Mitspieler / Paarspiel

Jeweils zwei Mitspieler stellen sich mit einem Abstand von etwa zwei Metern gegenüber und mustern sich wechselseitig von oben nach unten. Nach einer Weile drehen sich beide Mitspieler um und verändern sich äußerlich für alle wahrnehmbar:

- Armbanduhr ablegen, breitbeinig oder auf einem Bein hinstellen, Haarspange entfernen, Hände zum Gebet falten, Hemd in die Hose stecken, Hose hochkrempeln.

Nun versucht im Wechsel jeder die äußere Veränderungen des jeweils anderen Mitspiels zu benennen. Beim ersten Durchgang sollten jeweils nur zwei Veränderungen, beim zweiten Durchgang drei und ab dem dritten Durchgang bis zu fünf Veränderungen vorgenommen werden dürfen.

Bei einer Spielsicherheit beider Mitspieler dürfen auch kleine Äußerlichkeiten verändert werden:

- Armbanduhr austauschen,
- einen Finger krümmen,
- einen Fuß leicht anwinkeln,
- einen Knopf am Hemd öffnen,
- Grinsgesicht aufsetzen,
- Haare über die Ohren legen.

Dabei ist es ausdrücklich gestattet, sich bei seinem Spielpartner mutig zu *rächen*, wenn dieser zu *schwierige* Aufgaben stellt.

Schütteln

Etwa 10 Minuten
Ab 5 Mitspieler / Gruppenspiel

Wir verteilen uns möglichst gleichmäßig im Raum. Stelle dich so hin, dass du keinen anderen Mitspieler behinderst. Atme durch die Nase tief ein und mit einem Zug durch den Mund aus. Halte die Luft möglichst lange bei dir.

Lass beim Ausatmen ein Zischen oder ein Pfeifen ertönen. Wiederhole das Ein- und Ausatmen mehrmals in deinem Rhythmus.

Schüttele die linke Hand aus, erst langsam, dann schneller, noch schneller.

- Schüttele den linken Arm aus, erst langsam, dann schneller, noch schneller.
- Lass das Schütteln ausklingen.
- Gleiches machst du mit der rechten Hand, dem rechten Arm.

Schüttele jetzt den Kopf, die Schultern, den Bauch, den linken Fuß und das linke Bein, den rechten Fuß und das rechte Bein.

Gehe mit dem Ausschütteln im Rhythmus auf deinen gesamten Körper über. Beziehe beim Schütteln den Raum mit ein.

Gehe durch den Raum. Halte beim Schütteln die Geschwindigkeit und den Rhythmus bei.

Werde langsamer, noch langsamer – bleibe stehen.

Wirf die Zahl

🕒 10 Minuten
6 bis 24 Mitspieler / Gruppenspiel

Wir bilden einen Kreis. Halte zu deinem linken und rechten Spielpartner jeweils einen Abstand von etwa einem Meter. Stelle dich bequem hin. Atme langsam ein und aus.

- Bilde mit deinen Händen beim Einatmen Fäuste und lass sie beim Ausatmen wieder los.
- Wiederhole diese Atmung mehrmals hintereinander in deinem Rhythmus.

Kannst du bis zehn zählen? Forme fiktiv mit deinen Händen einen schönen runden Handball. Zähle beim Ballformen langsam von eins bis zehn. Wende dich bei zehn mit deinem Ball und einer deutlichen Arm- und Kopfbewegung einem deiner Nachbarn zu und wirf ihm deinen Handball zu.

Mit dem Ballwurf rufst du laut eine Zahl zwischen eins und zehn. Diese Zahl ist dann *deine* Zahl. Dein Spielnachbar fängt den Ball und wirft dir seinen Handball mit *seiner* Zahl zu.

Wiederhole mehrmals mit deinen Spielnachbarn das Werfen und Fangen. Wirf und fange die Bälle jetzt reihum, kreuz und quer. Behalte dabei *deinen* Platz und *deine* Zahl bei.

Reiche deinen Spielnachbarn die Hände. Spiele sprachlich mit deiner Zahl. Du kannst deine Zahl flüstern, schreien, lallen, aufsagen, singen oder auch verkünden.

- Nimm jetzt auch die Art der Zahlendarstellung deiner Mitspieler mit auf.
- Wenn du mit deinen Nachbarn immer mehr auf der gleichen Zahlenwelle funkst, dann gehe langsam zur Raummitte und verstumme.

Armatmen

🕒 10 bis 15 Minuten
🚶 6 bis 24 Mitspieler / Gruppenspiel

Wir bilden einen Kreis. Stelle dich so hin, dass du keinen behinderst oder selbst behindert wirst. Atme langsam ein und langsam aus. Beuge behutsam deinen Oberkörper so weit nach vorne, dass deine Arme den Boden berühren.

Pendele langsam mit deinen Armen über dem Boden hin und her und atme im gleichen Rhythmus dabei ein und aus.

Richte deinen Oberkörper langsam auf und atme in deinem Rhythmus dabei weiter. Du stehst jetzt aufrecht. Lass deine Arme am Körper herunterhängen.

Kreise mit deinen Armen in leichten Schwingungen von hinten nach vorne. Wiederhole diese Schwingungen mit deinen Armen. Mache zuerst kleine Kreise.

Vergrößere nach und nach die Kreisbewegungen in deinem Atemrhythmus. Deine Kreisbewegungen sind jetzt groß genug. Atme bei deinem Armschwingen nach vorne ein und beim Schwingen nach hinten aus.

Wiederhole die großen Kreise mehrmals in deinem Rhythmus. Achte dabei auch auf deine Atmung. Deine Kreise werden kleiner und kleiner. Du kommst zum Stillstand. Bleibe stehen. Du bist eine Marionette.

- An deinem Hinterkopf zieht dich gedanklich ein Faden beim Einatmen um mehrere Zentimeter nach oben.
- Beim Ausatmen schrumpfst du in deine Ausgangslage zurück.
- Wiederhole das Marionettenatmen mehrmals in deinem Rhythmus.

Du erfindest den Bauchtanz:

- Lege deine Hände an die Hüfte. Biege dein Becken in langsamen Kreisbewegungen von hinten nach vorne in deinem Atemrhythmus. Dein Oberkörper bleibt dabei eingefroren.

Du kommst zum Stillstand. Deine Arme hängen wieder an deinem Körper herunter.

- Blase vorsichtig eine Kerze aus, ohne dass das Wachs spritzt.
- Puste deinem rechten Spielnachbarn Flusen von seiner Kleidung, von seinen Armen und aus seinem Nacken.

Fünftes Kapitel: Entspannung und Kontakt

Zum Spieleinsatz

Das Kapitel *Entspannung und Kontakt* stellt vor allem fantasieanregende Spiele vor, die mit einem Spielpartner oder mit der Gruppe zusammen einsetzbar sind.

Spiele für Spielpaare:

- *Gleichgewicht,*
- *Kontaktgang,*
- *Mach doch,*
- *Partnerinterview,*
- *Telefonspiel* und
- *Tongespräch.*

Gruppenspiele für die ganze Spielgruppe:

- *Handtasten,*
- *Ausgleichsatmen,*
- *Zippzapp* und
- *Verbeugung.*

Handtasten

🕒 30 bis 45 Minuten
Ab 8 Mitspieler / Gruppenspiel

Bis zu acht Mitspieler bilden eine Spielgruppe. Einer der Mitspieler legt sich auf den Bauch. Der Liegende kann seinen Kopf auf eine Decke legen. Alle anderen Mitspieler einer Spielgruppe knien um den Liegenden herum.

Lege langsam deine geöffneten Hände mit der Innenseite auf den Rücken, auf die Beine des Liegenden. Taste dabei mit deinen Fingern, verstärke beim Abtasten den Fingerdruck. Werde dabei schneller.

Knete mit allen Fingern leicht den Rücken des Liegenden, ohne dass es ihn schmerzt – *die Wirbelsäule des Liegenden ist dabei auszusparen.*

Streiche großflächig mit den Handrücken den Rücken des Liegenden in Richtung Beine ab. Werde langsamer, ruhe mit den Händen auf dem Körper des Liegenden.

Vermindere den Handdruck und hebe deine Hände.

Anschließend:

- bis zu drei weitere Durchgänge mit anderen Liegenden.

Mach doch

🕒 10 bis 20 Minuten
🚶 6 bis 24 Mitspieler / Paarspiel

Wir bilden Spielpaare. Wir probieren jetzt miteinander Verschiedenes aus. Berühre mit deinen Zeigefingern leicht die Zeigefinger deines Spielpartners. A führt B durch den Raum. B schließt dabei seine Augen.

Versuche mit deinem Spielpartner die folgenden Fortbewegungsmöglichkeiten: Schubkarren fahren, Synchrongehen, Pferd und Reiter, Hockegehen, Bodenrollen, Sackhüpfen und Tunnelkriechen.

Du bist ein arbeitsamer Müller. Dein Spielpartner ist der Mehlsack. Versuche, den Mehlsack immer wieder aufzurichten. Und doch fällt er immer wieder zusammen. *Nach dem Rollentausch soll er es noch schwerer haben!*

Kämpfen ist schwer. Greife deinen Spielpartner mit fiktiven Gegenständen an: Bierdeckel, Eispickel, Fahrradschlauch, Gitarrenhals, Mikrofonständer, Spazierstock, Styroporbrocken, Toaster, Tomatenketchup und Zahnstocher.

Trage mit deinem Partner verschiedene Gegenstände zusammen:

- eckiger Felsbrocken, volles Weinfass, ausgefahrene Feuerwehrleiter, verkrüppelter Baumstamm, Glasscheibe, Palette roher Eier, Riesensahnetorte, Buch Moses, den Kronleuchter und die Juwelen der Königin.

Spiele mit deinem Partner fiktiv Handball, wobei der Ball bei jedem Wurf sein Gewicht und seine Größe erheblich verändert.

Rollentausch jeweils nach mehreren Durchgängen.

Partnerinterview

🕒 30 bis 60 Minuten
🚹 6 bis 30 Mitspieler / Paarspiel

Wir bilden Spielpaare. Jedes Spielpaar interviewt sich wechselseitig bis zu etwa zehn Minuten. Für das Partnerinterview sollten sich die Mitspieler untereinander möglichst kaum kennen.

Es können Fragen nach seltsamen Neigungen, gelebten Träumen, den Schwierigkeiten mit den Großeltern, der Lieblingsfarbe, Lebens- und Weltreisen, persönlichen Eigenarten und Verrücktem oder Utopischem gestellt werden.

Nach Ablauf der beiden Interviews erfolgt ein Rollentausch. In der Gruppe stellen Mitspieler A seinen Mitspieler und B seinen Mitspieler A in der *Ich*-Form vor. Andere Gruppenmitglieder können dabei auch zur Person nachfragen.

Die Informationen müssen nicht alle der Wirklichkeit entsprechen. Es können auch Antworten fantasiert werden, wenn sie irgendwie nachvollziehbar und somit vorstellbar erscheinen.

Ausgleichsatmen

🕒 5 bis 10 Minuten
🚹 Ab 6 Mitspieler / Gruppenspiel

Wir stellen uns im Kreis auf. Atme langsam ein und aus. Atme durch die Nase ein und den Mund aus. Atme gleichmäßig.

Atme so, als wärst du ein stramm gefüllter Luftballon, aus dem die Luft ausströmt.

Atme in deinem Rhythmus so lange gleichmäßig ein und aus, bis du für dich hier angekommen bist.

Zippzapp

🕒 5 bis 10 Minuten
Ab 8 Mitspieler / Gruppenspiel
Benötigt werden Stühle.

Wir setzen uns alle in einem Kreis auf Stühle. Der Spielleiter stellt sich in die Kreismitte. Er spricht Spieler aus dem Kreis mit Zipp oder mit Zapp an. Bei Zipp zieht der Angesprochene vorsichtig seinem rechten Nachbarn und bei Zapp seinem linken Nachbarn am Ohrläppchen.

Erklingt das Doppelwort Zippzapp, so tauschen alle Spieler ihre Plätze, wobei auch der Spielleiter versucht, auf einem Stuhl Platz zu ergattern. Der Platzlose geht als neuer Spielleiter in die Kreismitte.

Telefonspiel

🕒 15 bis 20 Minuten
8 bis 24 Mitspieler / Paarspiel

Wir gehen alle durch den Raum und schließen beim Gehen die Augen. Der Erste, dem du nach einem Zeichen begegnest, wird für unser Telefonspiel dein Spielpartner.

Wir bilden zwei Reihen und stellen uns so vor dem gegenüberstehenden Mitspieler auf, dass du deinem Partner in die Augen sehen kannst. Du telefonierst mit deinem Telefonpartner über alles und nichts.

Das Thema kannst du mit deinem Partner auch vorher absprechen, damit du einen roten Faden hast. Die Telefonverbindung kannst du mit einem Blickkontakt zu deinem Telefonpartner herstellen. Jedes Spielpaar bekommt eine Telefonnummer. Das

Spielpaar 1 hat die Telefonnummer 1, das Spielpaar 2 hat die Nummer 2, das Spielpaar 3 hat die Nummer 3 (...) usw.

Zu Spielbeginn sprechen alle. Dabei musst du zuweilen schon ganz schön laut sprechen, um verstanden zu werden. Nach einer Weile werden alle Verbindungen gekappt und der Spielleiter ruft jeweils eine Nummer auf.

Das Spielpaar mit der aufgerufenen Nummer führt dann das vorher unterbrochene Gespräch an der gekappten Stelle weiter.

Nach mehreren Schaltungen wird es schon merklich schwieriger. Dann werden einer von der linken Gruppe und einer von der rechten Gruppe aufgerufen. *Beispiel:* Links 6 mit rechts 3. Jeder Aufgerufene führt dabei fiktiv mit seinem alten Partner das Gespräch weiter. Dabei lassen sich mehrere beliebige Schaltungen miteinander verbinden und auch wieder lösen.

Tongespräch

🕒 30 bis 40 Minuten
Ab 8 Mitspieler / Paarspiel

Wir bilden Spielpaare und verteilen uns gleichmäßig im Raum. Befrage und antworte deinem Spielpartner mit Tönen. Verständige dich mit deinem Partner mit geschlossenem Mund und mit Gestik und Mimik, seufzend, lachend, schnaubend, schnalzend, raunzend, wimmernd oder räuspernd. Verständige dich mit deinem Partner durch Körperbewegungen.

Verstärke diese Bewegungen mit deiner bekannten Tonsprache. Führe das Gespräch im Wechsel zwischen einer vertraulichen Nähe und der vollen Raumlänge.

Zwei Spielpaare spielen zusammen. Beide Paare stellen sich auf der Raumdistanz gegenüber. Alle anderen stehen seitwärts am Spielrand und schauen zu.

Ein Paar beginnt mit einem Echoton. Das andere Paar spiegelt das Echo zurück. Beim Senden und Spiegeln des Echos ändern sich Körperpositionen und Stimmungen. Nutzt den ganzen Raum und lasst das Echo als Ruf der Berge ausklingen. Beim Senden können sich die Paare auf den Bauch legen, an eine Wand lehnen, auf den Rücken legen, Rücken an Rücken stellen, die Augen schließen, hin und her schwanken oder in eine Ecke verkriechen.

Die Spielpaare können singen, im Takt sprechen, Wörter in Buchstaben zerlegen. Sendet hauchend, brüllend, drohend, krächzend, ganz leise und ganz schnell.

Danach Rollenwechsel: Die Tongeber senden jetzt das Echo.

Kontaktgang

🕒 15 bis 20 Minuten
8 bis 20 Mitspieler / Paarspiel

Wir bilden einen Kreis mit einem Durchmesser von etwa fünf Metern. Der Kreis ist die Spielfläche. Ein Paar steht sich auf Kreisdistanz gegenüber. Beide Spielpartner halten Blickkontakt. Nach mehreren Durchgängen erfolgt ein Spielpaarwechsel.

A nähert sich B in normalem Tempo. A nähert sich B in schnellem Tempo. A und B nähern sich aus verschiedenen Richtungen. Das Tempo und die Gangart sind dabei zu ändern. A und B nähern sich schnell an, sie schleichen aufeinander zu und nähern sich einander mit Sprüngen.

Jeweils zwei Spielpartner nähern sich flüsternd, schreiend, fauchend, unterhaltend, singend, lachend, lallend, räuspernd, wütend, anhimmelnd, zischend, verärgert, interessiert, aufgebracht, gelangweilt und abwartend.

Gleichgewicht

◷ 10 bis 15 Minuten
Ab 6 Mitspieler / Paarspiel

Wir bilden Spielpaare. Halte mit deinem Spielpartner zusammen das Gleichgewicht. Stelle dich dazu vor deinen Partner. Fasse ihn fest an den Händen und ziehe ihn jetzt bedächtig aus dem Stand.

Stellt euch Rücken an Rücken. Geht zusammen in die Hocke und kommt zusammen wieder hoch. Achte auf das Gleichgewicht mit deinem Partner beim Drücken von Po an Po und Rücken an Rücken. Das Gleichgewicht kannst du dabei mit dem Gegendrücken deiner Handinnenseiten gegen die Handinnenseiten deines Partners halten.

Stelle dich wie ein Storch auf ein Bein vor deinen Partner. Halte zusammen mit deinem Partner das Gleichgewicht mit den Händen. Wippe zusammen mit deinem Partner seitwärts, in die Hocke und in den Himmel.

Stellt euch gegenüber. Lege die Arme auf die Schulter deines Spielpartners. Schließt dabei die Augen.

- Stell dich mit deinem Spielpartner zusammen als angewinkelte Kerze hin und halte gemeinsam mit deinem Partner das Gleichgewicht.
- Verändere den Haltepunkt. Haltet das Gleichgewicht einmal mit dem rechten, einmal mit dem linken Ellenbogen.

Verbeugung

🕒 10 bis 15 Minuten
Ab 6 Mitspieler / Gruppenspiel

Wir stellen uns aufrecht im Kreis. Lass zwischen dir und den Spielnachbarn zu deiner linken und rechten Seite so viel Platz, dass du mit deinen seitwärts ausgetreckten Armen keinen berühren kannst. Wiederhole die nachfolgenden Bewegungsanregungen mehrmals für dich in deinem Rhythmus.

Stelle deine Füße in Schulterbreite voneinander abgewinkelt und lass deine Arme seitlich am Körper hängen. Atme langsam in deinem Rhythmus gleichmäßig ein und aus. Atme durch die Nase ein und den Mund aus.

Strecke deine Arme beim Einatmen nach vorne halb angewinkelt zum Kopf, als wolltest du nach einer Autopanne ein anderes Auto stoppen und halte in deinen Armen für einen Moment die Spannung deiner Atmung. Lass beim Ausatmen deine Arme nach vorn herunterfallen. Strecke deine Arme beim Einatmen wieder zum Kopf und halte für einen Moment deine Arme und die Spannung deiner Atmung.

Lass beim Ausatmen deine Arme mit deinem Oberkörper nach vorn herunterfallen. Schüttele dabei in deinem Rhythmus deinen Kopf, deine Schultern und deine Arme aus. Strecke beim Einatmen deine Arme seitwärts in einer *T*-Haltung aus, als wollest du die ganze Welt umarmen. Lass deine Arme beim Ausatmen wieder los. Begrüße reihum kommentarlos deine Mitspieler

- mit einem Körperschütteln,
- mit geöffneten Armen,
- mit einem Händeklatschen,
- mit einem Augenkniepen oder mit einer Verbeugung.

Du bist da und alle anderen sind es auch.

Sechstes Kapitel: Mut und Risiko

Zum Spieleinsatz

Die *sprachlosen* Bewegungsspiele im Kapitel *Mut und Risiko* sind Paar- und Gruppenspiele mit hohem Reaktionsvermögen und schnellem Spielfluss. Die Mitspieler sollten untereinander schon etwas miteinander vertraut sein.

Spiele für Spielpaare:

- *Anmache,*
- *Gesicht* und
- *Synchrongehen.*

Gruppenspiele für die ganze Spielgruppe:

- *Blitz,*
- *Käthe will deinen Platz,*
- *Katzen mögen Mäuse,*
- *Leisetreter,*
- *Lockerung,*
- *Offener Mund* und
- *Scharfer Winkel.*

Gesicht

🕒 20 bis 30 Minuten
🚹 8 bis 20 Mitspieler / Paarspiel

Wir bilden Spielpaare. Stelle dich vor deinen Spielpartner. Einer von euch beiden schließt die Augen. Sein Partner fährt ihm sachte langsam mit seiner offenen Handinnenseite oder mit seinen Fingerspitzen über das Gesicht.

Unterbrich das Streicheln und schließe deine Augen. Streichele jetzt mit geschlossenen Augen langsam das Gesicht deines Partners. Spüre, wie dein Partner das Streicheln annimmt.

Beende das Streicheln. Schau dir deinen Partner an.

- Fällt dir an deinem Partner etwas auf?
- Haben sich sein Gesicht,
  sein Blick,
  seine Haltung verändert?

Dein Partner öffnet jetzt seine Augen. Seht euch gemeinsam an. Lasst euch Zeit. Atmet langsam ein und aus.

Danach Rollenwechsel.

Scharfer Winkel

🕒 5 bis 10 Minuten
Ab 6 Mitspieler / Gruppenspiel

Gehe durch den Raum. Werde schneller, noch schneller, laufe. Nutze den ganzen Raum – auch die Nischen. Wenn du auf einen Gegenstand oder einen anderen Mitspieler triffst, weiche im scharfen Winkel nach rechts oder links aus.

Ändere auf ein Zeichen hin die Laufrichtung.

Wechsele auf ein Zeichen hin dein Tempo. Gehe schnell, gehe langsam, laufe. Ändere nach jedem neuen Zeichen deine Laufrichtung wieder im scharfen Winkel – *Zeichen im Takt eingeben.* Werde langsamer.

Gehe in deinem eigenen Rhythmus durch den Raum, lass dir Zeit. Werde langsamer, noch langsamer. Bleibe stehen.

Leisetreter

🕒 10 Minuten bei mehreren Durchgängen
Ab 6 Mitspieler / Gruppenspiel

Wir stellen uns in einer Reihe an eine Wand und sind mucksmäuschenstill. Einer von uns steht an der gegenüberliegenden Wand mit dem Rücken zum Raum. Das ist unser Aufseher.

Der Aufseher bewacht die Zahnbürste von Kaiser Dick Theobald, die zwischen seinen Beinen auf dem Boden liegt – *Ein Gegenstand in der Größe einer Zahnbürste wird zu Spielbeginn dorthin gelegt.*

Langsam und behutsam schleichen wir nach vorne, um Dick Theobalds Zahnbürste wegzunehmen. Bemerkt der Aufseher unsere diebische Tour, weil einer beispielsweise mit seinen Füßen zu laut auftritt, wird er sehr böse.

Der Aufseher rumort dann dumpf, stampft dabei mit seinen Beinen auf den Boden und dreht sich gleichzeitig blitzschnell um. Alle bleiben dann wie angewurzelt stehen und müssen zurück zur Wand. Neuer Aufseher wird der Dieb, der die Zahnbürste von Dick Theobald unbemerkt in seinen Besitz bringt.

Blitz

🕒 5 bis 10 Minuten
Ab 6 Mitspieler / Gruppenspiel

Wir verteilen uns alle gleichmäßig im Raum. Erkunde den Raum in deinem eigenen Rhythmus.

- Gehe vorwärts,
- gehe rückwärts,

- gehe seitwärts oder
- gehe zickzack

im Raum umher. Zusammen machen wir jetzt wie der Blitz auf ein Zeichen hin - *Händeklatschen* - verschiedene Bewegungen.

- Berühre wie der Blitz ganz viele Nasen hintereinander mit deiner eigenen Nase.
- Pflücke wie der Blitz ganz viele Äpfel von sehr hohen Ästen.
- Schleiche lässig wie der Blitz an der Ladenkassc mit deinem Diesbesgut vorbei.
- Robbe wie der Blitz unter niedrigem Maschendraht her.
- Rette wie der Blitz mehrere Opfer aus dem lodernden Feuer.

- Ernte wie der Blitz die Frühkartoffeln im Garten.
- Springe wie der Blitz als Frosch zwischen Land und Tümpel hin und her.
- Liefere wie der Blitz über einen abschüssigen Weg mit einer Sackkarre mehrere Kästen Bier aus.
- Springe wie der Blitz durch einen Riesenschwarm Bienen.

- Verteile wie der Blitz viele Flugblätter.
- Sammele wie der Blitz Kastanien vom Boden auf.
- Hacke wie der Blitz mit einem Beil Holz für den Winter.
- Du bist beim Graf-Berge-von-Tripps-Gedächtnisrennen auf dem Autoring dabei. Starte wie der Blitz als Formel-1-Fahrer aus der ersten Reihe.

Werde langsamer, noch langsamer.

- Gehe spazieren.
- Bleibe stehen.

Synchrongehen

🕒 10 Minuten
🚹 Ab 6 Mitspieler / Paarspiel

Wir bilden Spielpaare mit etwa gleich großen Spielpartnern.

- Stellt euch Rücken an Rücken zusammen.
- Geht gemeinsam los.
- Einer von euch beiden geht vorwärts und der andere Spielpartner geht gleichzeitig synchron rückwärts.

Haltet beim Gehen gemeinsam Rückenkontakt mit den Schultern und dem Gesäß.

- Geht erst sehr langsam, um euch beim Gehen aneinander zu gewöhnen.
- Findet beim Rückendrücken synchron einen gemeinsamen Rhythmus.
- Rollenwechsel nach mehreren Minuten.

Offener Mund

🕒 10 Minuten
🚹 Ab 6 Mitspieler / Gruppenspiel

Wir bilden einen großen Kreis. Du hast genug Platz, wenn du mit deinen ausgestreckten Armen keinen deiner Mitspieler berühren kannst. Atme langsam durch deine Nase ein und durch deinen Mund aus.

Bilde beim Einatmen mit deinen Händen Fäuste.

- Lass beim Ausatmen deine Hände wieder los.
- Wiederhole das Ein- und Ausatmen in deinem Rhythmus mehrmals.

Kaue mit deinem geöffneten Mund. Schiebe dabei deinen Unterkiefer von links nach rechts und von rechts nach links. Deine Zunge ruht dabei in deinem Unterkiefer.

Gehe mit deiner Zungenspitze bei geschlossenem Mund kräftig über die Außenseiten deiner Zähne. Nutze alle Winkel, gehe mit deiner Zungenspitze um alle Zähne herum. Schmatze dabei nach Herzenslust, denn du bist allein hier.

Kaue mit geschlossenen Augen. Lass dabei einen Ton kommen – ein *Oh* oder ein *Ah.* Gehe langsam in die Richtung, aus der das Summen am kräftigsten auf dich einwirkt.

Verweile, wenn das Summen in deiner direkten Nähe am kräftigsten ist.

Gehe jetzt den gleichen Weg mit deinem Summen zurück. Setze dich hin. Verstumme.

Öffne deine Augen.

Lockerung

🕒 20 Minuten
Ab 6 Mitspieler / Gruppenspiel

Wir bilden einen Kreis. Stelle dich bequem hin. Hebe deine linke Schulter und halte kurz inne. Lass deine linke Schulter fallen. Hebe deine rechte Schulter und halte kurz inne. Lass deine rechte Schulter fallen.

Wiederhole das Heben, das Innehalten und das Fallenlassen im Wechsel von links und rechts in deinem Rhythmus. Atme beim

Schulterheben durch die Nase ein und atme beim Schulterfallen durch deinen Mund aus.

Lass beim Ausatmen deinen Kopf aus der Mittellage nach vorne fallen. Richte deinen Kopf beim Einatmen auf.

- Wiederhole das Heben und Senken deines Kopfes zusammen mit dem Schulterheben und dem Fallenlassen in deinem Rhythmus.
- Lass beim Ausatmen ein Zischen ertönen.

Hebe deinen Kopf erst, wenn du einatmen musst. Schaukle mit dem Kopf einmal nach links, einmal nach rechts. Rolle deinen Kopf ohne Überdehnung sehr langsam.

Rolle mit dem Kopf behäbig über deine Schultern. Rolle deinen Kopf linksherum und rolle deinen Kopf rechtsherum.

Rolle mit deinem Kopf abwechselnd kleine Kreise, mittlere Kreise, große Kreise. Kreise mit den Schultern nach vorne, nach hinten. Kreise mit dem Becken linksherum, rechtsherum.

Stelle dir dabei vor, auf deinem Kopf würde ein gefülltes Glas Wasser stehen - kreise danach mit deinem Becken.

Kreise mit dem linken Bein. Beginne beim Kreisen mit dem linken Fuß.

- Kreise mit dem rechten Bein.
- Beginne beim Kreisen mit dem rechten Fuß.
- Bewege dich mit dem ganzen Körper.
- Wirf die Arme, wirf die Beine weg.

Schüttele den Körper aus. Atme dabei tief durch die Nase ein und mit einem Stoß durch den Mund aus. Bewege dich im ganzen Raum. Gehe auch in die Ecken, die Nischen. Lass deine Arme beim Gehen baumeln.

Wippe mit dem Kopf, als wärst du eine Stoffpuppe. Tanze nach Herzenslust, tanze nach deinem Können, so wie dir ist. Tanze mit dir in deinem Rhythmus.

Bewege dich tänzerisch

- zu zweit,
- zu dritt,
- zu viert (...) usw.

Du wirst langsamer, noch langsamer.

Du bleibst stehen.

Katzen mögen Mäuse

🕒 10 Minuten bei mehreren Durchgängen
🚹 Ab 10 Mitspieler / Bewegungsspiel in der Gruppe

Wir bilden Spielpaare und haken uns unter. Einer aus der Gruppe ist die ausgehungerte Katze, ein anderer die Schutz suchende Maus – schließlich haben Katzen Mäuse zum Fressen gerne.

Jetzt beginnt die Katze mit ihrer Jagd nach der Maus. Die Maus sucht Schutz, indem sie sich bei einem Spielpaar unterhakt. Sofort wird die Person, bei dem sich die Maus nicht untergehakt hat, zur neuen Maus und das Spiel geht weiter.

Spielvariation bei Spielsicherheit:

Jetzt wird der Spieler, bei dem sich die Maus nicht untergehakt hat, zur neuen Katze und die alte Katze wird zur neuen Maus.

Diese Spielvariation erhöht die Spielschnelligkeit und das Reaktionsvermögen eines jeden.

Käthe will deinen Platz

🕒 10 Minuten bei mehreren Durchgängen
Ab 12 Mitspieler / Bewegungsspiel in der Gruppe

Wir bilden einen möglichst engen Kreis. Ein Spieler ist Käthe. Sie steht in der Kreismitte. Jetzt stellt sich Käthe vor einem Mitspieler aus dem Kreis und fordert ihn mit den Worten

Ich bin Käthe – ich will den Platz

zum Platztausch auf.

Der Angesproche blickt zu seiner linken oder seiner rechten Seite und spricht dabei die Worte

Versuchs beim Nachbarn.

Gleichzeitig verständigen sich zwei Mitspieler im Kreis mit leichten Gesten und Augenzwinkern auf einen wechselseitigen Platztausch.

Käthe soll dabei herausbekommen, wo sich eine Lücke auftut und diese selbst ganz schnell schließen. Der tauschwillige andere Mitspieler übernimmt dann Käthes Rolle.

Bei einer Spielsicherheit lädt Käthe auch nicht mehr zum Platzwechsel ein. Dabei erspart sie sich ihre Höflichkeit und stellt sich auch nicht mehr vor. Statt dessen ist ihre Aufforderung offensiv und eindeutig:

Weg da von meinem Platz.

Dem Angesprochen fällt es nicht mehr so leicht, seinen Platz zu halten und auf andere Mitspieler zu verweisen.

Diese Spielvariation kann etwas wild werden – Spielzeit hierbei begrenzen.

Anmache

◷ 5 Minuten für jeden Spieldurchgang
🚹 Ab 10 Mitspieler / Paarspiel

In alltäglichen Situationen kommt es in der S-Bahn, am Käsestand oder vor dem Affenkäfig leicht ohne einen erkennbaren Anlass zu einem Streit. Wir beleidigen kräftig und reagieren hierauf. Dazu spielt jeweils ein Spielpaar beide Rollen.

Zur Verfügung stehen hierbei lediglich die Sprache und eine die Sprache unterstützende Gestik – körperliche Übergriffe sind zu unterlassen.

- Rolle A: Angreifer
- Rolle B: Reaktion auf A

Beide Spieler stehen sich zu Spielbeginn verfeindet gegenüber. Sie sehen sich an, holen tief Luft. A beschimpft B mit nur *einer* herabsetzenden Bemerkung: Du Depp/du Arsch/du Bastard. B reagiert auf A mit der Wiederholung der Äußerung von A erstaunt, erzürnt, verwundert oder erschrocken.

- Seine Reaktion kann auch in einem freundlichen Ton erfolgen und einem Übergriff die Luft nehmen.

Rollenwechsel nach mehreren Durchgängen. B übernimmt dann die Rolle von A und A die Rolle von B.

Spielvariation:

Die Rolle von A und von B lässt sich auch gleichzeitig mit mehreren Personen besetzen, als ob jeweils zwei verfeindete Jugendgangs aufeinander treffen würden.

Siebtes Kapitel: Einfühlen und Fantasie

Zum Spieleinsatz

Das Kapitel *Einfühlen und Fantasie* aktiviert die eigene Vorstellungskraft, sich auch in absurde Situationen und Handlungen hineinzuversetzen und sich hieraus mitzuteilen. So wird spielend das Seltsame schnell normal und das scheinbar Besondere zum Gegenstand alltäglicher Vermittlung.

Spiele für Spielpaare:

- *Fremde Geschichte,*
- *Nagel und Hammer,*
- *Rücken an Rücken* und
- *Sehen.*

Gruppenspiele für die ganze Spielgruppe:

- *Dirigent bin ich,*
- *Flüsterer,*
- *Ich bin eine Forelle,*
- *Im Kino* und
- *Oh - Amerika.*

Nagel und Hammer

🕒 15 bis 20 Minuten
🚹 Ab 6 Mitspieler / Paarspiel

Wir bilden einen Kreis. Jeweils zwei Mitspieler stellen sich gegenüber. Sie berichten uns *betroffen* eine

- dramatische,
- spitzfindige,
- verschmitzte oder
- einfühlsame

Geschichte – wie die Geschichte zur natürlichen Anziehungskraft zwischen Nagel und Hammer, denn beide leben schon immer in einem engen wechselseitigen Beziehungsgeflecht miteinander.

Jedes Spielpaar erzählt jeweils bis zu zwei Minuten in der *Ich*-Form ohne Spielvorbereitung.

Gegensatz- oder Ergänzungspaare:

- Baby und Großvater
- Berg und Tal
- Briefmarke und Postkarte
- Engel und Teufel

- Erde und Luft
- Filmprojektor und Leinwand
- Flasche und Korken
- Flieger und Wanderer

- Frost und Hitze
- Gabel und Messer
- Handschuh und Schal
- Himmel und Erde

- Hitze und Kälte

- Höhle und Prärie
- Hut und Kopf
- Krieger und Mönch

- Kerze und Docht
- Kinderwagen und Pampers
- Kleid und Gürtel
- Lautsprecher und Presslufthammer

- Licht und Dunkelheit
- Luft und Beton
- Messer und Brot
- Mond und Sonne

- Nagel und Hammer
- Pantoffel und Stiefel
- Papierkorb und Tageszeitung
- Rodelschlitten und Bergabhang

- Sommer und Winter
- Stahl und Gänsefedern
- Stille und Lärm
- Sturm und Lufthauch

- Tag und Nacht
- Tür und Schloss
- Tür und Schlüssel
- Wasser und Feuer

Sehen

🕒 20 Minuten
🚹 8 bis 24 Mitspieler / Paarspiel

Wir bilden einen großen Kreis. Setze dich in den Kreis. Lass zu deinem Nachbarn einen kleinen Abstand. Sprich leise vor dich hin, was dich jetzt bewegt, was dir jetzt auffällt und was du jetzt siehst. Wir sprechen alle zusammen.

Deine Spielnachbarn können dich aus dem Stimmengewirr nicht heraushören. Sprich in der *Ich*-Form. *Beispiel:* Ich sehe vor mir einen Kreis.

Gehe mit einem Spielpartner zusammen etwa fünfzehn Minuten durch den Raum. Erzähle ihm fünf Minuten lang, was du jetzt siehst, was dir auffällt, was dich bewegt.

Beispiel: Ich sehe den grünen Lichtschatten im Vorhang. Die Färbung erinnert mich an Wintermoos. Mir gefällt die Ruhe im Raum. Dein Partner hört dir kommentarlos zu. Rollenwechsel nach etwa fünf Minuten.

Ich bin eine Forelle

🕒 30 bis 40 Minuten
🚹 Ab 6 Mitspieler / Gruppenspiel

Immer nur die gleichen Rollen spielen. Immer nur muss ich ich selbst sein. Das langweilt auf die Dauer und ist total ätzend. Und jetzt ändert sich das.

Wir bilden einen Kreis und erzählen uns Geschichten aus dem Leben, in denen wir uns in Fantasierollen selbst ausgedachte Erlebnisse in der *Ich*-Form erzählen.

Spielvorbereitung bis zu zwei Minuten.

Beispielgeschichten:

- Akrobatische Bewegungen eines Springseils
- Ampel auf einer Verkehrskreuzung
- Barbiepuppe beim Schönheitswettbewerb
- Bekanntschaft des Bügeleisens mit dem Leinentuch

- Biene im Frühling
- Der Füllfederhalter und das Tagebuch
- Der Rohrstock der Schulklasse 7 b
- Einradfahrer auf der Eisfläche

- Fliege auf dem Misthaufen
- Forelle im Karpfenteich
- Früchte im Joghurt
- Kaninchen auf der Löwenzahnwiese

- Kartoffelsack auf Kellerurlaub
- Kartoffelschale im Regenwald
- Kuchenblech im politischen Grundsatzstreit
- Lebenslauf einer Coladose

- Polizeikelle auf der Autobahn
- Regenwurm im Erdreich
- Schreibversuche eines Kreidestücks
- Streichholz in der Zigarettenpackung

- Todeskampf eines Schneemanns in der Sonne
- Tornado über Florida
- Wohnzimmersofa am Samstagabend
- Zitteraal im Meditationskurs

Es können auch selbst ausgedachte Rollen mit den hieran klebenden Erlebnissen geschildert werden.

Rücken an Rücken

🕒 20 bis 30 Minuten
🚹 6 bis 24 Mitspieler / Paarübung

Jeweils ein Spielpaar setzt sich Rücken an Rücken auf den Boden. Versuche dabei, mit deinem Rücken eine möglichst große Fläche vom Rücken deines Partners zu berühren.

Schließe deine Augen und fühle den Rücken deines Partners. Lehne dich an den Rücken deines Partners an. Einer von euch fängt an, seinen Rücken zu bewegen.

Dein Partner passt sich dir mit seinen leichten Rückenbewegungen an. Bewege dich langsam mit Fantasie. Führe und lass dich führen.

Nach etwa drei Minuten:

Allmählich geht die Führung für die Bewegungsimpulse auf deinen Partner über. Hast du bisher geführt, so passe dich den Rückenbewegungen deines Partners an und bewege dich gemeinsam mit deinem Partner.

Nach weiteren zwei Minuten: Bewegt euch zusammen mit dem Rücken, ohne dass einer die Bewegungsführung übernimmt.

Danach: Verabschiede dich mit deinem Rücken von deinem Spielpartner.

Im Kino

◷ 10 bis 15 Minuten
Ab 8 Mitspieler / Gruppenspiel

Wir zeigen Szenen aus Stummfilmen, die einmal die Welt bewegten. Leider ist das Kino ausgebucht. So können wir nur durch die Reaktionen der begeisterten Zuschauer die Filmhandlung mitbekommen.

Mal sehen, ob wir

- ein Märchen,
- eine Tragödie,
- einen Krimi,
- einen Liebesstreifen,
- einen Slapstick oder
- einen Western

erleben.

Jeweils zwei bis vier Mitspieler setzen sich in die letzte Kinoreihe und sehen imaginär einen Streifen der Filmgeschichte, den sie sich ausgedacht haben.

Dabei reagieren sie sprachlos nur mit ihrer Mimik und Gestik. Wir schauen von der fiktiven Leinwand aus direkt auf unsere Zuschauer.

Erraten wird nachher, um welche Filmgattung und Handlung es sich drehte.

Anschließend Rollenwechsel.

Oh – Amerika

🕒 15 bis 20 Minuten
Ab 8 Mitspieler / Gruppenspiel

Wir bilden einen Kreis. Im Uhrzeigersinn nennt einer in der Reihenfolge des Alphabets – *A, B, C, D, E* ... – einen beliebigen Städte- oder Ländernamen. Sein Nachbar erzählt nach seiner Assoziation zu dem genannten Länder- oder Städtenamen eine kleine Geschichte.

Seine Geschichte endet mit einem neuen Begriff, der mit dem nächsten Buchstaben im Alphabet beginnt. Hierzu fantasiert sein Spielnachbar seine Geschichte.

Beginne beispielsweise seufzend mit

- *Oh – Amerika.* Es folgt eine traurige Geschichte (...)
- Danach schmetternd *Oh – Brasilia* (...)
- leiernd *Oh – China* (...)
- lallend *Oh – Dresden.*

Flüsterer

◷ 15 bis 20 Minuten
Ab 8 Mitspieler / Gruppenspiel

Wir bilden einen Kreis. Sprechen und sich sprachlich verständigen können sich Menschen nur untereinander – sagen die einen. Es gibt jedoch auch Menschenspezialisten, die mit Pferden, Hunden, Katzen, Pflanzen oder Fischen sprechen.

Hierzu gibt es inzwischen den anerkannten Ausbildungsberuf der Flüsterer mit den Spezialgebieten der

- Pferdeflüsterer,
- Hundeflüsterer,
- Katzenflüsterer,
- Pflanzenflüsterer oder
- Fischflüsterer.

Denke dir eine kleine Sprechgeschichte zu deinem Flüster-Spezialgebiet aus. Alle anderen sollen herausfinden, mit wem der Flüsterer spricht. Natürlich kann es dabei auch eigene Spezialgebiete geben. Geflüstert werden kann

- mit der Drehbank,
- mit dem Kuchenteig oder
- verflüchteten Träumen.

Wer die Lösung hat, darf den Flüsterer ablösen und seine Flüstergeschichte präsentieren. Natürlich darf jeder Mitmachende nur einmal der Flüsterer sein.

Dirigent bin ich

🕒 10 Minuten für jeden Durchgang
🚹 Ab 10 Mitspieler / Gruppenspiel

Drei bis fünf Mitspieler stellen sich in einer Reihe nebeneinander auf. Ein Dirigent gibt den Einstieg zu einer Geschichte vor und zeigt auf einen Mitspieler, der die Geschichte weiter erzählt.

Nach einer Weile zeigt der Dirigent auf einen anderen Mitspieler, der die Geschichte fortzusetzen hat. Läuft der Wechsel zu glatt, so lassen sich auch böse Stolperstellen einbauen – bestimmte Begriffe – und, der, die, das, mit, werden – dürfen nicht fallen.

Bei einem Fehler scheidet der betreffende Mitspieler aus. Zum Schluss gibt es nur einen Spieler, der die Geschichte dann zügig zu einem Ende bringt.

Mehrere Durchgänge empfohlen.

Fremde Geschichte

🕒 5 Minuten je Durchgang
Ab 8 Mitspieler / Paarspiel im Wechsel

Spieler A *stellt* sich vor die anderen Mitspieler. Leider versteht er unsere Sprache nicht. Daher bekommt er auch einen Assistenten – Spieler B – als Diplom-Übersetzer zur Seite, der alle Sprachen der Welt fließend übersetzen kann.

Spieler A berichtet in einer Fantasiesprache – beispielsweise in Niedertaxomanisch oder Oberflinkokryptisch eine Geschichte, ein typisches Backrezept oder rezitiert ein Gedicht seines Landes. Bei der Verwendung einer wirklich existierenden Sprache diese bitte exotisch verfremden.

- Niedertaxomanisch kann so gehen: *Takromix üppse kolle han, dymako ekker obba ban. He kobbe tax ma schill dagu, fan drökker schie banu. Kamu öh cly.*
- Die Übersetzung ins Hochdeutsche: *Im Spiegel der Abendsonne sank ich mit einem Fluggerät zu Tale. Man bedeutete mir, ich solle in einem fernen Lande von dem Meinigen kunden. Und so bin ich hier.*

Spieler A bleibt in der Figur des Vortragenden auch bei möglichen belustigenden Reaktionen der Zuschauenden, und Spieler B übernimmt mit seiner Übersetzung von Spieler A in etwa auch dessen Gestik.

Achtes Kapitel: Ausdrücken und improvisieren

Zum Spieleinsatz

🕒 90 Minuten

6 bis 20 Mitspieler / Gruppenspiel

Jeder Einzelne stellt uns eine andere Szene dar. Etwa fünf Minuten vor seinen Auftritt zieht hierfür jeder Mitspieler einen Zettel, auf dem eine kleine Szene angegeben ist. Die Darstellung der Szene sollte jeweils etwa höchstens drei Minuten betragen.

Bei weniger als acht gespielten Szenen werden die Improvisationen erst am Schluss besprochen. Werden mehr als acht Szenen dargestellt, sollte eine kurze Besprechung nach jeder einzelnen Darstellung erfolgen. Dabei geht es um die beiden Fragen:

- Was wurde gezeigt?
- Was ist angekommen?

Danach ist der Spieltext kommentarlos vorzulesen.

Eine anschließende veränderte Improvisation, ein Ausbau der Spielszene sowie deren Besetzung mit mehr als einem Darsteller liegen im Ermessen der Mitspieler.

Durcheinander

Du willst dein Trendmagazin lesen. Was du auch an Tricks versuchst, du kannst dich nicht konzentrieren. Die Folgen sind absehbar:

- Schweißausbrüche,
- Hautjucken,
- Zittern und noch einiges mehr.

Darstellungsmittel: Mimik und Gestik.

Vorbereitung

Du bist zu einer Feier geladen. Kommt auch Peter/Petra? Du bist total aufgeregt. Bereite dich vor dem Spiegel auf den Abend vor, schließlich möchtest du ihm/ihr gefallen.

Darstellungsmittel: Mimik und Gestik.

Entscheidung

Irgendetwas ärgert dich. Es brodelt und scheppert in dir. Hat dich jemand gekränkt? Versteht dich keiner? Bist du mit dem linken Bein aufgestanden? Was ist es? Gibt es eine Lösung?

Darstellungsmittel: Mimik, Gestik und Sprache.

Geräusch

Du bist neun Jahre alt und richtig tapfer. Es ist später Abend. Deine Eltern sind ausgegangen. Vor dem Haus hörst du ein Geräusch, das dir fremd ist. Etwas raschelt hinter dem Stachelbeerstrauch. Das macht dir Angst.

Ist es Tarzan, der angeblich noch mehr Kraft als Papa hat? Ist es Dagobert? Sind es die Prinzen, die dir ein Lied singen wollen? Du bist gespannt wie ein Flitzebogen. An Einschlafen ist da natürlich nicht mehr zu denken.

Darstellungsmittel: Mimik und Gestik.

Fremd

Du hast eine lange Flugreise hinter dir. Du kommst auf einem dir fremden Kontinent an. Du hörst Sprachen, von denen du keine verstehst. Nach deiner Ankunft siehst du dich um. Keinen kennst du, keiner holt dich ab. Was nun?

Darstellungsmittel: Mimik, Gestik und Sprache.

Brief

Du schreibst einen Brief. Einen Liebesbrief? Einen Abschiedsbrief? Wie fange ich bloß mit der Anrede an? Lieber/ Liebe, oder einfach Hey/Hallo? Wem gilt der Brief?

Darstellungsmittel: Mimik, Gestik und Sprache.

Meerschweinchen

Du erwachst, reibst dir den Schlaf aus den Augen. Kreidebleich siehst du ein Monster von Meerschweinchen auf deine Beine zukrabbeln. Schnell vom Sofa aufspringen? Das Meerschweinchen ist sicherlich schneller. Hilfe rufen? Sich tot stellen? Mit Gedankenübertragung das Testament ins Internet stellen? Cool den Versteinerten mimen? Oder ist alles nur ein Traum?

Darstellungsmittel: Mimik und Gestik.

Zimmer

Du erwartest einen wichtigen Freund/wichtige Freundin zu einer langersehnten Aussprache. Oder ist es eher eine Abrechnung? Kommt er/kommt sie? Zuerst bist du etwas durcheinander, weißt nicht recht, was du mit dem Abend anfangen kannst. Dann bist du angespannt und voller Erwartung.

Darstellungsmittel: Mimik, Gestik und Sprache.

Foto

Der Umzugswagen muss gleich da sein. Du gehst noch einmal durch deine Wohnung. Nach jahrelangem hin und her willst du mit deinem Partner/deiner Partnerin zusammenleben. Da ragt aus einem Umzugskarton ein altes Foto heraus. Du nimmst es in die Hand.

Es stellt von ihm/ihr eindeutig eine andere Seite dar. Du erstarrst vor Schreck. Ist jetzt alles aus? Dem/der erzähl ich was? Nun erst recht? Schlaftabletten nehmen? Darüber reden? Ein doppelter Sherry?

Darstellungsmittel: Mimik und Gestik.

Entrückt

Du bist verliebt. Freunde sagen, du bist der Wirklichkeit total entrückt. Dein Auserkorener/deine Auserkorene weiß noch nichts von seinem/ihrem Glück.

- Es ihm/ihr sagen?
- Ihm/Ihr einen Brief schreiben?
- Anrufen?
- Vorbeigehen?

Darstellungsmittel: Mimik und Gestik.

Idee

Du gehst durch den Park. Erst mit leerem Blick und ganz bedächtig. Da kommt dir die Wahnsinnsidee. Ja genau, das ist es! Welche Idee ist es?

Darstellungsmittel: Mimik und Gestik.

Gekocht

Du hast nette Leute zum Essen eingeladen. Beim Nachtisch hast du in aller Eile Zucker mit Salz verwechselt – das weiße Zeug sieht sich ja auch zum Verwechseln ähnlich. Deine Gäste röcheln, husten, verlangen nach Wasser. Du hast noch nicht probiert. Und so bist du ratlos. Lebensmittel-Vergiftung? Spielen die Theater? Den Notarzt rufen?

Darstellungsmittel: Mimik und Gestik.

Erfindung

Jahrelang hast du geforscht. Endlich ist es so weit. Du hast die geniale Idee geboren – die Kühlbox für den Nordkaptouristen. Du siehst dich schon als Messias der nördlichen Erdkugel in die Geschichte eingehen.

Endlich können sich Pinguine ihre Fische an Ort und Stelle tiefgefrieren.

Darstellungsmittel: Mimik, Gestik und Sprache.

Spritztour

Dein Freund ist stolzer Besitzer eines Oldtimers. Für eine Spritztour hattest du sein Auto ausgeliehen, ohne dass er etwas davon wusste. Jetzt bist du in einen kleinen Totalschaden verwickelt. Statt auszuweichen, kam der doofe Baum plötzlich immer näher auf dich zu. Blöd ist es ja irgendwie schon. Was ist zu tun?

Darstellungsmittel: Mimik, Gestik und Sprache.

Genie

In deinen Malkünsten vereinigst du Picasso und Dürer zur Neuen Moderne. Deine Staffelei kann deine Energie kaum fassen. Du stehst kurz vor der Entdeckung durch die Kunstwelt, die dich als buntes Genie der Leinwand feiern wird. Eigentlich könntest du dir ja selbst mit ein paar Flaschen Spätburgunder vorab schon einmal zuprosten.

Darstellungsmittel: Mimik und Gestik.

Vermasselt

Du bist wegen eines dreißigjährigen Opas vom Jugendgericht zu vier Wochenenden Sozialdienst auf einer Pflegestation verdonnert worden, nur weil dir vor ihm mal eine Bananenschale aus der Hand auf den Bürgersteig rutschte und der Alte sich prompt das Schlüsselbein brach.

Der Alte hätte doch woanders gehen können, dann wäre dem das nicht passiert. Und jetzt wird dir für ganze vier Wochenenden die Tour vermasselt. Nein – nicht mit mir, Mann.

Darstellungsmittel: Mimik, Gestik und Sprache.

Start und Ziel

Du stehst in den Startlöchern. Du willst diesmal die 100 Meter in weniger als zwölf Sekunden schaffen. Mit dir zusammen starten zwei Konkurrenten/Konkurrentinnen. Du kniest nieder. Start. Du läufst und läufst. Tatsächlich – gewonnen.

Erst kannst du es nicht fassen, freust dich riesig. Dann kommen dir Zweifel, da die anderen Läufer/Läuferinnen verloren haben. Noch einmal starten und dann absichtlich verlieren? Behaupten, dir hätte eine Windböe geholfen?

Darstellungsmittel: Mimik und Gestik.

Rabe

Am Ufer unter einer alten Linde liegt ein Rabe. Zuerst willst du es nicht glauben. In dieser Gegend? Zu dieser Jahreszeit? Erschrocken und bleich zuckst du zusammen.
Ist er verletzt?

- Mit nach Hause nehmen?
- Ins Tierheim bringen?
- Einen Arzt holen?
- Passanten fragen?
- Weitergehen – ist ja nur ein Vogel?

Darstellungsmittel: Mimik, Gestik und Sprache.

Auktion

Du bist auf einer Kunstauktion und begutachtest vor der Versteigerung die verschiedenen Statuen. Deine Mitspieler fungieren gerne nichtsahnend als lebendige ersteigerungswillige Kunstobjekte.

Dein Kennerblick verrät: Rokoko, Barock oder doch eher spätes achtzehntes Jahrhundert? Bei deiner Sichtung verziehst du keine Miene, da du dich ausschließlich der höheren Kunst verpflichtet siehst.

Darstellungsmittel: Mimik, Gestik und Sprache.

Klassenfahrt

Du bist allein erziehende/r Vater/allein erziehende Mutter. Dein Sohn/deine Tochter ist heute auf große Klassenfahrt gegangen. Schon ganz in der Frühe hattest du seine/ihre Butterbrote geschmiert, die Thermoskanne gefüllt, Obst gewaschen und die Kinderschokolade eingepackt.

Und jetzt ist das Kind weg, und der Rucksack mit all den Sachen liegt noch da. Alle werden sagen, du hast wieder als Vater/Mutter versagt. Du machst dir Vorwürfe. Was kann ich nur machen?

Darstellungsmittel: Mimik und Gestik.

Stimmbruch

Seit Jahren singst du in einem Knabenchor mit. Deine Spezialität: erster Kanonsänger. Vor vier Tagen wurdest du endlich zwölf Jahre alt. Soeben hast du dich beim Einsingen an deiner ersten Zigarette versucht. Statt Genuss hast du jetzt so ein komisches Kratzen im Hals. Statt Geschmack der großen weiten Welt musstest du kotzen.

Und jetzt das: Der Chorleiter hebt den Dirigentenstab. Beim Anheben zur ersten Kanonstrophe beim örtlichen Tag der Alten in Aldekerk-Hückelpeine raubt innerhalb einer halben Sekunde ein Stimmbruch deine Knabenstimme. Die Stimme ist weg, und du wärest es am liebsten auch. Alle starren dich an:

- Wirst du beneidet um deine Männlichkeit?
- Wirst du verdammt – wenn Blicke töten könnten?

Darstellungsmittel: Mimik und Gestik.

Neuntes Kapitel: Sich gemeinsam darstellen

Zum Spieleinsatz

Bei den Spielen im Kapitel *Sich gemeinsam darstellen* sollten die Mitspieler sich untereinander bereits etwas kennen. Die Paarspiele eignen sich für Mitspieler mit etwa gleicher Körpergröße, wobei bei den *Rücken*-Übungen jeder selbst eigenverantwortlich eine Überdehnung seines Rückens vermeiden sollte.

Sich gemeinsam darstellen heißt daher auch, sich innerhalb seiner eigenen Grenzen zu bewegen.

Spiele für Spielpaare:

- *Blinde sehen,*
- *Fallenlassen,*
- *Rückenbalance,*
- *Rückenschaukel,*
- *Rückensitz* und
- *Toter Häuptling.*

Spiele für die ganze Spielgruppe:

- *Gemüsekorb,*
- *Karussell,*
- *Kerze* und
- *Raumdistanz.*

ⓘ Das Gruppenspiel *Gemüsekorb* ist ein sehr lebendiges Spiel.

Raumdistanz

🕒 15 bis 20 Minuten
8 bis 24 Mitspieler / Gruppenspiel

Wir bilden zwei etwa gleich große Spielgruppen. Die Mitspieler drücken mit ihrem Körper Eigenschaften aus. Dazu stellen sich beide Gruppen auf Raumdistanz gegenüber.

Nacheinander werden vom Spielleiter verschiedene Eigenschaften eingegeben. Dabei nimmt nacheinander das Gesicht, dann der Oberkörper und dann der ganze Körper den Begriff an.

Die Eigenschaften werden zunächst von den Mitspielern einer Gruppe dargestellt, während die Mitspieler der anderen Gruppe zusehen.

Nach einem anschließenden Rollenwechsel stellen die Mitspieler der zweiten Gruppe die gleichen Begriffe in der Reihenfolge Gesicht, Oberkörper und ganzer Körper dar.

Begriffsabfolge: Verärgert, verlebt, verliebt, aufgebracht, interessiert, überheblich, stolz, übernächtigt, stark, käuflich, mutig, vernarrt, anmaßend, aufbrausend, motzig, verklärt, drollig, unterkühlt, durchnässt, angeregt, müde, verschnupft, abgearbeitet, frühlingsgetränkt, reif, launisch, empört, urlaubsreif und offenherzig.

Kam es zu Überschneidungen bei der Darstellung ähnlicher Begriffe wie

- motzig/überheblich,
- verlebt/müde,
- launisch/unterkühlt oder
- abgearbeitet/urlaubsreif?

Gemüsekorb

🕒 10 bis 15 Minuten bei mehreren Durchgängen
🚶 Ab 9 Mitspieler / Gruppenspiel
Benötigt werden stabile Stühle.

Wir setzen uns im Kreis, einer stellt sich in die Kreismitte. Im Kreis gibt es einen Stuhl weniger als aktive Mitspieler. Jeweils drei beliebige Mitspieler werden zur gleichen Gemüsesorte:

- Blumenkohl – *1. bis 3. Mitspieler,*
- Kartoffeln – *4. bis 6. Mitspieler,*
- Tomaten – *7. bis 9. Mitspieler,*
- Bohnen – *10. bis 12. Mitspieler,*
- Paprika – *13. bis 15. Mitspieler,*
- Möhren – *16. bis 18. Mitspieler,*
- Zwiebeln – *19. bis 21. Mitspieler* und
- Gurken – *22. bis 24. Mitspieler.*

Nehmen einschließlich des Mitspielers aus der Kreismitte mehr als 25 Mitspieler am Gemüsekorb teil, steigt die Mitspielerzahl der einzelnen Gemüsesorten entsprechend.

Dann ruft der Mitspieler im Kreis zwei Gemüsesorten auf. Die genannten Gruppen müssen nun ganz schnell ihre Plätze tauschen.

- Der Spieler in der Mitte versucht dann, gleichzeitig einen freien Platz zu bekommen.
- Gelingt es ihm, geht der Spieler, der platzlos bleibt, in die Kreismitte.

Ruft der Spielleiter *Gemüseeintopf*, so tauschen alle Gemüsesorten blitzschnell ihre Plätze.

Rückensitz

🕒 5 bis 10 Minuten
🚹 6 bis 24 Mitspieler / Paarübung

Wir machen jetzt eine Rückenübung zu zweit. Führe die Übung möglichst zusammen mit einem Partner in deiner Körpergröße durch. Dazu stellst du dich Rücken an Rücken zu deinem Partner und hakst bei ihm deine Arme ein.

Versuche jetzt, dich gemeinsam mit deinem Partner hinzusetzen. Wenn du es geschafft hast, versuche gemeinsam mit ihm wieder aufzustehen.

Versuche zusammen mit deinem Partner mehrmals das Setzen und das Aufstehen. Diese Übung ist nur dann möglich, wenn du deinen Partner beim Setzen und Aufstehen aktiv unterstützt.

Rückenbalance

🕒 5 bis 10 Minuten
🚹 6 bis 24 Mitspieler / Paarübung

Wir machen eine Rückenübung zu zweit. Mache die Übung möglichst zusammen mit einem Partner in deiner Körpergröße. Stelle dich Rücken an Rücken zu deinem Partner und hake bei ihm deine Arme ein.

Einer von euch geht ein wenig in die Knie, beugt sich vor und zieht dabei sehr langsam seinen Spielpartner hoch. Der Po des nun oberen Partners liegt jetzt auf dem unteren Rückenteil des unteren Partners.

Atme bei der Rückenbalance kräftig ein und aus. Lass beim Ausatmen deine Arme, deinen Oberkörper, deinen Kopf mit deinem Nacken und deinen Beinen mit deinem Po los. Vermeide beim Liegen eine Überdehnung deines Rückens.

Nach mehrmaligem Ein- und Ausatmen wirst du jetzt von deinem Spielpartner in Zeitlupe sachte hin und her geschaukelt.

Wenn du genug hast, erfolgt Rollenwechsel.

Rückenschaukel

🕓 5 bis 10 Minuten
🯅 6 bis 24 Mitspieler / Paarübung

Wir machen eine Rückenübung zu zweit. Mache die Übung möglichst zusammen mit einem Partner in deiner Körpergröße.

Dazu legt sich einer auf den Bauch und spreizt dabei leicht seine Beine. Dein Partner legt sich mit seinem Rücken auf deinen Rücken, so dass sein Kreuz auf deinen Po zu liegen kommt.

Die Beine des oben liegenden Mitspielers befinden sich zwischen den Beinen des unteren Partners, die Hände auf seinem Bauch. Bleibt so etwa zwei Minuten liegen.

Jetzt bewegt der untere Partner behutsam sein Becken. Er bewegt

- die linke und rechte Seite seines Beckens nach oben,
- sein Becken hin und her und vor und zurück.

Die leichten Beckenbewegungen gehen in ein Schaukeln über. Hat der untere Spieler genug, wirft er seinen Partner leicht ab.

Danach Rollenwechsel.

Karussell

🕒 10 bis 15 Minuten
🚹 Ab 8 Mitspieler / Gruppenspiel

Wir bilden einen engen Kreis beziehungsweise enge Spielkreise mit jeweils acht bis zehn Mitspielern. Einer aus dem Kreis geht in die Kreismitte, versteift seinen Körper und lässt sich in eine beliebige Richtung fallen. Seine Augen kann er dabei schließen.

Die Mitspieler aus dem Kreis fangen ihn auf und befördern ihn sanft in eine andere Richtung. Reicht ihn im Kreis umher oder fahrt mit ihm Karussell.

Jeder sollte die Möglichkeit zum Karussellfahren erhalten. Der Fallende bestimmt selbst das Ende der Karussellfahrt.

Toter Häuptling

🕒 20 bis 30 Minuten
🚹 6 bis 24 Mitspieler / Paarübung

Wir bilden Spielpaare. Einer stellt sich bodenverwachsen wie ein Ackergaul nach vorne gebeugt auf den Boden. Sein Spielpartner legt sich umgedreht über seinen Rücken, so dass sein Bauch zur Decke zeigt.

ⓘ Wenn du ein Hohlkreuz hast, dann richte dich bei deinen Bewegungen bitte eigenverantwortlich danach.

Dein Po und deine Beine hängen auf der einen Seite, auf der anderen Seite hängen dein Oberkörper, deine Arme und dein Kopf herunter. Dein unterer Rücken liegt quer auf dem Rücken deines Partners.

Bleibe in dieser Stellung etwa eine Minute liegen und atme dabei tief durch. Zum Schluss rutschst du auf deiner Beinseite langsam zu Boden.

Zum Ausgleich für diese anstrengende Übung legst du dich mit dem Bauch quer über den Rücken deines Partners und darfst dich als toter Häuptling zwei Minuten lang ausruhen.

Anschließend Rollentausch.

Fallenlassen

🕒 20 bis 30 Minuten
Ab 6 Mitspieler / Paarübung

Wir verteilen uns gleichmäßig im Raum. Stelle dich hinter einen Spielpartner in etwa deiner Körpergröße.

Der vordere Partner spreizt seine Beine auseinander. Der hintere Partner legt seine Hände dessen auf den Rücken.

Klopfe den Rücken deines Partners mit deinen beiden offenen Handinnenseiten ab. Klopfe im Rhythmus auf den hinteren Körperteil.

Beginne beim Fallenlassen deiner beiden Handinnenseiten bei seinen Schulterpartien, gehe mit deinen Handinnenseiten dann über seinen Po bis zu seinen Beinen jeweils von links nach rechts und von oben nach unten. Die Wirbelsäule deines Partners ist dabei komplett auszusparen. Mache langsam.

Wiederhole bei deinem Partner mehrmals diese Abfolge des Fallenlassens deiner beiden Handinnenseiten.

Streiche zum Abschluss den Rücken deines Partners großflächig mit den Handinnenseiten zuerst kräftig, dann weniger kräftig ab. Anschließend Rollenwechsel.

Blinde sehen

🕒 20 Minuten
Ab 8 Mitspieler / Paarspiel

Wir bilden Spielpaare. Stelle dich vor deinen Partner und sieh ihn an. Einer schließt die Augen, der andere verändert seine Körperhaltung.

Die veränderte Körperhaltung ertastet der Blinde. Anschließend übernimmt der Blinde die Körperposition von seinem Partner, die er bei ihm ertastet hat.

Danach öffnet der blinde Partner seine Augen und vergleicht seine Körperposition mit der seines Partners. Diese Übung ist im Rollenwechsel mehrmals zu wiederholen.

Nach einiger Übung in der Rolle des Blinden sind bei der Körperhaltung auch Details veränderbar, die vom Partner zu ertasten und zu übernehmen sind.

Kerze

◷ 15 Minuten
🚶 Ab 5 Mitspieler / Gruppenspiel

Wir bilden Spielgruppen mit jeweils fünf Mitspielern. Jede Gruppe formt einen kleinen Kreis. Einer aus der Spielgruppe geht in die Kreismitte, schließt seine Augen und erstarrt zu einer Kerze.

Die Kerze fällt nach einem leichten Antippen nach vorne oder nach hinten.

Die anderen Mitspieler bilden zwei Paare und fangen die Kerze auch gemeinsam als Fangpaar auf. Den Falldruck mindert das jeweilige Fangpaar, indem es die Kerze beim Fallen mit ausgestreckten Armen abfängt und leicht in die Arme des anderen Fangpaars drückt.

So pendelt die Kerze hin und her. Selbst *sehr schwere Kerzen* lassen sich so leicht auffangen.

Jeder sollte die Möglichkeit haben, als Kerze fallen zu können. Die Kerze bestimmt den Spielschluss selbst.

Zehntes Kapitel: Bewegen und probieren

Zum Spieleinsatz

Das Kapitel *Bewegen und probieren* ermöglicht den Mitspielern in Spielpaaren und in der Spielgruppe die aktive Ausgestaltung der eigenen körperlichen Ausducksfähigkeit.

Spiele für Spielpaare:

- *Balance,*
- *Forscher,*
- *Gliederpuppe* und
- *Handlungsspiegel.*

Gruppenspiele für die ganze Spielgruppe:

- *Angriff,*
- *Gliederdehnung,*
- *Im Tunnel,*
- *Knoten,*
- *Nessy,*
- *Rückenkopf,*
- *Schlangenhäuten,*
- *Schoßsitzen* und
- *Segelflug.*

Gliederdehnung

◷ 10 Minuten
🚹 Ab 6 Mitspieler / Gruppenspiel

Wir verteilen uns gleichmäßig im Raum, ohne einen Mitspieler zu behindern. Probiere Gelenkbewegungen bedächtig aus. Friere nach jeder Bewegung kurz ein.

Setze dich mit ausgestreckten Armen im Schneidersitz hin. Strecke dann deine Beine zur Seite aus. Spanne deine Beine an. Stelle dich wieder normal hin. Kreise mit deinem Becken.

Mache jetzt – ohne zu überdehnen – bedächtige extreme Gelenkbewegungen

- mit deinem Kopf,
- mit deinen Armen,
- mit deinen Händen,
- mit deinen Fingern,
- mit deinem Becken,
- mit deinen Füßen und
- mit deinen Zehen.

Schoßsitzen

◷ 5 bis 10 Minuten
🚹 Ab 8 Mitspieler / Gruppenpiel

Wir bilden gemeinsam einen engen Kreis, als wären wir ein Wagenrad. Dabei siehst du auf den Rücken deines rechten Mitspielers. Vor dir im Kreis steht jetzt dein rechter Mitspieler und hinter dir dein linker.

Fasse deinen vorderen Mitspieler mit deinen Händen fest an den Hüften. Gehe gemeinsam mit ihm langsam in die Hocke. Setze dich auf den Schoß deines hinteren Mitspielers oder versuche es zumindest.

Wenn das Schoßsitzen klappt, stehe gemeinsam mit deinen Mitspielern ganz langsam wieder auf.

Gliederpuppe

🕒 20 bis 30 Minuten mit Rollenwechsel
Ab 6 Mitspieler / Paarspiel

Wir bilden Spielpaare und verteilen uns gleichmäßig im Raum, ohne einen anderen Mitspieler zu behindern. Einer schließt die Augen, der andere bewegt die Puppe nach seinen Vorstellungen. Danach Partnerwechsel.

Nun bewegt der Spielpartner die einzelnen Glieder seines neuen Mitspielers so, als wäre er eine Gliederpuppe. Dabei bestimmt die Gliederpuppe, was der Beweger zu gestalten hat.

Spielbeispiele:

- Ich will ein Paddelboot steuern.
- Ich will dir einen Blumenstrauß schenken.
- Ich will ein Eiskunstläufer sein.

Der Beweger führt die Bewegungswünsche seiner Gliederpuppe aus. Die Bewegungschritte sind behutsam auszuführen.

Danach Rollenwechsel.

Segelflug

🕒 20 bis 30 Minuten bei mehreren Durchgängen
Ab 10 Mitspieler / Gruppenspiel

Ein Mitspieler legt sich mit dem Rücken auf den Boden und schließt seine Augen. An jeder Körperseite verteilen sich bei ihm vier Mitspieler und gehen dazu in die Hocke. Ein Mitspieler kniet sich ans Kopfende des Liegenden.

Gleich startet der Segelflug. Das Segelflugzeug wird jetzt behutsam für seine abenteuerliche Reise gewartet.

Unter dem Flieger halten sich die Gegenüberstehenden an den Armgelenken fest, um das Fluggewicht ausgleichen zu können. Die Start-, Flug- und Landegeräusche summen alle Träger zusammen.

Der Flug beginnt. Das Segelflugzeug darf starten und hebt ab. Beim Starten und beim Fliegen summen die neun Flugbegleiter.

Das Segelflugzeug wird bis über die Köpfe gehoben. Der Körper befindet sich überall in der gleichen Höhe.

Der Gleitflug beginnt. Das Segelflugzeug steigt auf, schwebt über die Wolken und verändert dabei auch seine Flughöhe, macht Drehungen, geht in die Schräge, gleitet tiefer und tiefer.

Vor der Landung steigt das Flugzeug noch einmal in die Höhe und setzt dann bedächtig zur Landung an. Das Summen verstummt kurz nach der Landung.

Jetzt darf ein anderes Segelflugzeug aufsteigen. Nach Möglichkeit sollte jeder die Chance zum Fliegen bekommen, sofern das Bodenpersonal mitmacht.

Angriff

🕒 5 bis 10 Minuten
Ab 10 Mitspieler / Gruppenspiel

Wir bilden einen Kreis und fassen unsere Nachbarn fest an der Taille. Tritt deinem im Kreis gegenüberstehenden Mitspieler auf die Füße oder dränge ihn aus dem Kreis.

Da die anderen Mitspieler dasselbe mit ihrem Gegenüber machen, musst du dich anstrengen, um dein Ziel zu erreichen.

Oder gibt es eine stille Übereinkunft, die Mitspieler vor Übergriffen schützt? Greife überraschend an. Verbünde dich scheinheilig mit deinen Spielnachbarn, agiere und reagiere blitzartig.

Knoten

🕒 10 Minuten
Ab 8 Mitspieler / Gruppenspiel

Wir bilden einen Kreis und fassen uns fest an den Händen. Wir steigen alle übereinander oder kriechen untereinander her und bilden so einen riesigen Knoten.

Wenn der Knoten richtig festgezogen ist, entknoten wir uns behutsam.

Das Spiel kann mehrmals wiederholt werden.

Handlungsspiegel

🕒 20 Minuten bei zwei Durchgängen
🚹 Ab 6 Mitspieler / Paarspiel
Bei mehr als zwölf Mitspielern ist die Gruppe in Zuschauer und Darsteller aufzuteilen. Es erfolgen dann zwei Durchgänge mit Rollenwechsel.

Mit einem Spielpartner zusammen denkst du dir eine kleine Szene aus. Einer macht die Handlung vor, der andere spiegelt die Handlung zeitgleich.

Die Handlungen werden ohne Sprache dargestellt:

- Auf dem Siegerpodest.
- Eine große Scheibe zur anderen Straßenseite tragen.
- Eine Gabel Heu zum Dachboden stemmen.
- Beim Schwimmtraining.
- Eine Mauer durchbrechen.

Darzustellen sind jeweils vom gleichen Spielpaar mehrere Handlungen hintereinander. Danach Rollenwechsel.

Balance

🕒 10 Minuten
🚹 Ab 6 Mitspieler / Paarspiel

Wir verteilen uns gleichmäßig im Raum. Zusammen mit einem Spielpartner setzt du dich auf den Boden und lehnst deinen Rücken an den Rücken deines Partners.

Stehe gemeinsam mit deinem Spielpartner Rücken an Rücken auf, wobei die Balance zu halten ist.

Zusätzlich kannst du deine Handinnenflächen an die deines Partners drücken.

Versuche das gleiche mit zwei, mit drei, mit vier anderen Partnern zusammen. Versuche es so lange, bis sich alle gleichzeitig miteinander hinsetzen und wieder aufstehen.

Unterstütze die Balance deiner Mitspieler.

Rückenkopf

🕒 10 bis 30 Mitspieler
🚹 10 Minuten / Gruppenspiel

Wir bilden eine oder mehrere Schlangen. Dabei halten wir unsere Hände auf dem Rücken verschränkt und legen unseren Kopf leicht angebeugt auf den Rücken unseres vorderen Mitspielers.

Einer ruft aus, welche Bewegungen die Schlange macht. Dabei ist der Körperkontakt untereinander beizubehalten. Der Weg der Schlange geht durch den ganzen Raum.

Beispielbewegungen der Schlange:

Die Schlange

- hüpft,
- hinkt,
- verbeugt sich,
- watschelt,
- läuft,
- kriecht,
- kreist auf den Knien um sich herum und
- geht gebeugt rückwärts oder vorwärts.

Forscher

🕒 10 bis 15 Minuten
🧍 Ab 6 Mitspieler / Paarspiel

Wir bilden einen Kreis und schließen die Augen. Auf ein Zeichen hin geht jeder im Zeitlupentempo zur Kreismitte. Nimm einen Tastkontakt zu einem Mitspieler auf. Erforsche sein Gesicht, seine Arme, seinen Rücken.

Reicht es dir, gehst du zurück zum Spielrand und öffnest deine Augen.

Im Tunnel

🕒 5 bis 15 Minuten
🧍 Ab 12 Mitspieler / Gruppenspiel

Ein Mitspieler wird mit verbundenen Augen aus dem Raum geführt. Alle anderen knien auf dem Boden und bilden einen Tunnel mit Windungen.

Nach Fertigstellung des Tunnels darf die blinde Lok fahren oder kriechen. Das ist schwer und macht zusammen Spaß.

Danach kommt eine andere blinde Lok.

Nessy

🕒 5 bis 10 Minuten
🧍 Ab 8 Mitspieler / Gruppenspiel

Wir gehen mit geschlossenen oder verbundenen Augen im Raum umher. Einer von uns ist das Seeungeheuer Nessy. Wer bei seiner Wanderung irgendeinem Spieler begegnet, fragt ihn leise: *Nessy, Nessy?* Wenn der andere ebenfalls *Nessy, Nessy?* fragt, so ist das Seeungeheuer noch nicht gefunden.

Verabschiede dich dann von ihm mit einem Händedruck.

Antwortet der andere Spieler auf die Anrede nicht und drückt einem freundlich die Hand, so ist Nessy gefunden. Beide Spieler gehen nun Händchen haltend weiter.

Treffen sie auf einen weiteren Spieler, so erweitert sich die Kette, bis alle zum Seeungeheuer Nessy verzaubert wurden.

Schlangenhäuten

🕒 5 bis 10 Minuten
Ab 8 Mitspieler / Gruppenspiel

Wir stellen uns hintereinander auf. Mit unserer linken Hand greifen wir durch unsere gegrätschten Beine nach der rechten Hand unseres hinteren Spielnachbarn. Auf diese Art bildet sich eine Kette.

Nun legt sich der letzte Mitspieler der Reihe auf den Rücken. Dabei zieht er seinen vorderen Mitspieler mit zu Boden, der breitbeinig über ihn hinwegsteigt und sich knapp hinter ihn auf den Rücken legt, wobei er die Hände auch weiterhin festhält.

Dies wird so lange gemacht, bis alle Spieler, die sich im Seemannsgang nach hinten bewegen, flach auf dem Boden liegen.

Sobald der letzte Spieler mit dem Kopf den Boden berührt hat, steht er wieder auf und geht vorwärts. Dabei zieht er den Nächsten auf die Beine, bis alle wieder stehen.

Elftes Kapitel: Spiele zum Auseinandergehen

Zum Spieleinsatz

Das Kapitel *Spiele zum Auseinandergehen* enthält Paar- und Gruppenspiele zum Abschluss einer Spielkette oder eines Spielblocks für Mitspieler, die sich untereinander kennen.

Spiele für Spielpaare:

- *Auswanderung* und
- *Verlassen?*

Gruppenspiele für die ganze Spielgruppe:

- *Abschiedstanz,*
- *Augenblick,*
- *Fuchs und Hahn,*
- *Heimatpost,*
- *Neugierige Schlange,*
- *Raupenfahrt,*
- *Schlange,*
- *Servus* und
- *Traumfantasie.*

Servus

🕒 5 bis 10 Minuten
8 bis 24 Mitspieler / Gruppenspiel

Sag zum Abschluss leise Servus. Wir kennen alle diesen Satz. Wir klatschen unser Servus zum Abschied. Dazu bilden wir einen Kreis und setzen uns auf den Boden.

Klatsche sachte in deine Hände. Horche auf andere, schaue sie an. Klatsche nach und nach mit deinen Mitspielern einen gemeinsamen Rhythmus.

Der Klatsch-Rhythmus geht reihum.

Zuerst klatscht ein Mitspieler, dann klatschen zwei, dann drei und schließlich alle reihum gleichzeitig einen gemeinsamen Rhythmus.

Danach klatscht jeder Einzelne in gleicher Lautstärke sein Servus. Dazu kannst du auch mitsummen. Schaue gleichzeitig reihum andere Mitspieler an und verabschiede dich von jedem Einzelnen mit Blicken.

Lass jedes Klatschen zu den einzelnen Mitspielern mit einem Summen ausklingen und verstumme dann – Servus.

Traumfantasie

◷ 15 bis 20 Minuten
Ab 8 Mitspieler / Gruppenspiel

Wir setzen uns gemeinsam in einen Kreis und erzählen uns reih-um Traumfantasien von Erlebnissen, die wir miteinander gemacht haben.

Die Traumfantasien lassen sich als märchenhafte *Es-war-einmal-*Geschichte oder als tatsächliches Erlebnis beispielsweise als

- Appell an die Menschheit,
- verschlüsselter Wunsch an eine bestimmte Person,
- Dankeschön,
- Bekenntnis zu einer Überraschung,
- schöne Erzählung oder
- Geschenk

erzählen.

Dabei bleibt es den Zuhörern überlassen, die Geschichten zu glauben oder auch nicht.

Der Wahrheitsgehalt ist keine Bedingung für das Erzählen der Traumfantasien und ein Nachfragen ist in der Gruppe zwecklos.

Schlange

🕒 10 Minuten
Ab 12 Mitspieler / Gruppenspiel

Wir bilden zwei Schlangen mit etwa der gleichen Anzahl von Mitspielern. In jeder Schlange sollten mindestens sechs Mitspieler sein. Halte dich mit deinen Händen an den Schultern deines vorderen Mitspielers fest.

Jede Schlange hat einen sehr großen Riesenhunger und schlängelt sich so durch den Raum.

Jeder Schlangenkopf frisst gerne das Schlangenende der anderen Schlange. So wächst die eine Schlange in dem Maße wie die andere Schlange schrumpft.

Das Schlangenende ist gefressen, wenn es vom anderen Schlangenkopf berührt wurde. So wird aus dem Schlangenende der neue Schlangenkopf.

Abschiedstanz

🕒 20 bis 30 Minuten
Ab 8 Mitspieler / Gruppenspiel

Wir bilden einen Kreis. Einer aus dem Kreis kann einen anderen zum Tanz auffordern. Genauso können zwei Mitspieler aus dem Kreis in der Kreismitte ihren Abschiedstanz geben.

Der Kreis unterstützt den Tanz im Takt mit einem Summen, mit Klatschen und mit Gesängen. Das kann beispielsweise ein Gospel, ein Volkslied, ein Kanon, ein Tango oder auch der Königswalzer sein.

Raupenfahrt

◷ 5 Minuten
Ab 8 Mitspieler / Gruppenspiel

Wir fahren mit der Raupe. Dazu bilden wir einen großen Kreis und fassen uns dabei fest an den Händen. Wem es während der Fahrt schwindelig wird, brüllt *Stop* und die Raupe bleibt sofort stchen.

Wir drehen uns alle um, fassen fest um die Taillen unserer Spielnachbarn und schließen für die Raupenfahrt mit Verdeck unsere Augen. Langsam kommt die Raupe in Fahrt. Wem es unheimlich wird, der kann seine Augen bei der Fahrt auch öffnen. Blicke dabei immer nach vorne, nicht in Fahrtrichtung.

Die Raupe wird schneller und schneller. Du kannst jetzt jauchzen, kläffen, jaulen, brüllen. Die Raupe wird langsamer und langsamer, verliert an Fahrt.

Die Raupe bleibt stehen. Sie hat ihre Fahrt beendet. Alle aussteigen – oder noch eine weitere Fahrt?

Neugierige Schlange

◷ 10 Minuten
8 bis 12 Mitspieler / Gruppenspiel

Wir fassen uns an den Händen und bilden einen Kreis. Langsam bewegen wir uns im Kreis. Plötzlich wird eine Stelle des Kreises geöffnet.

Statt eines Kreises bilden wir jetzt eine Schlange. Die Schlange erkundet den Raum und geht auch neugierig in die Ecken. Die Schlange schlängelt kreuz und quer und geht auch über Hindernisse.

Die Schlange verdreht, verknäuelt, verwickelt sich in sich selbst. Halte dabei die Hände deiner Spielnachbarn fest. Gehe unter anderen Mitspielern hindurch und steige über andere Mitspieler.

So werden wir zu einem Schlangenknoten, der sich eng zusammenknäuelt. Jetzt lösen wir behutsam den Knoten, ohne dabei die Hände loszulassen.

Verlassen?

🕒 30 bis 60 Minuten
🚹 8 bis 30 Mitspieler / Paarspiel

Du bist schon über längere Zeit mit einem Menschen nahe zusammen. Du vertraust ihm. Du kannst dir dabei gut vorstellen, mit diesem Menschen gemeinsam alt zu werden.

Plötzlich erfährst du: Es ist aus. Du kannst noch einen Tag mit ihm zusammen sein. Danach wirst du mit ihm keinen Kontakt mehr haben.

Wir bilden Spielpaare, die sich wechselseitig zu diesem Thema befragen.

Anschließend berichtet der jeweils andere Spielpartner in der *Ich*-Form vom Abschied.

- Wiegt dabei die *ach-hätte-ich-doch*-Vorstellung schwer?
- Kennst du die Erfahrung eines plötzlichen Beziehungsendes?
- Gibt es einen befriedigenden Umgang damit?
- Welche Ideen hast du aus heutiger Sicht hierzu?

Heimatpost

◷ 10 bis 15 Minuten
6 bis 24 Mitspieler / Gruppenpiel
Benötigt werden Papier und Schreibstifte.

Wir kennen alle das heimatliche Butterbrot, das in der Ferne am besten schmeckt. Wir bekommen jetzt für unseren Weg ein Butterbrot in unseren Rucksack gepackt. Wir bilden dazu einen möglichst engen Kreis. Jeder legt hinter sich ein Blatt Papier.

Nacheinander geht jetzt jeder kommentarlos reihum und schreibt jedem etwas Nettes zum Abschied auf das Blatt Papier.

Das Blatt ist erst dann wieder anzunehmen, wenn alle ihre Mitteilungen losgeworden sind. Aufschreiben kannst du deinen Partnern beispielsweise

- einen Reim,
- ein Kosewort,
- ein persönliches Dankeschön wie auch
- einen kleinen Satz der Erinnerung.

Was auf deinem Blatt steht, nimmst du als Geschenk, als Geheimnis oder als Erinnerung mit. Es gilt dir – und nur dir.

Fuchs und Hahn

🕒 10 bis 15 Minuten
🚹 10 bis 12 Mitspieler je Spielgruppe / Gruppenpiel

Wir bilden Spielgruppen mit jeweils zehn bis zwölf Mitgliedern. Jede Spielgruppe bestimmt einen Fuchs und einen Hahn. Die anderen Mitspieler sind die Hennen. Die Hennen hängen sich an den Hahn, indem sie jeweils ihren vorderen Spielpartner umfassen.

Der Fuchs versucht, die jeweils letzte Henne abzuschlagen. Der Hahn schützt dabei die Hennen vor dem Fuchs, indem er sich vor den Fuchs stellt. Hat der Fuchs die letzte Henne berührt, wird diese zum neuen Fuchs.

Wenn es dem Fuchs nicht gelingt, innerhalb von einer Minute die Henne abzuschlagen, wird der Hahn zum neuen Fuchs.

Auswanderung

🕒 30 bis 60 Minuten
🚶 8 bis 30 Mitspieler / Paarspiel

Der Abschied von einem nahestehenden Menschen kann traurig machen, die Last vor möglich Versäumtem und der Verlust von Nähe wiegen schwer.

Gleichzeitig schafft Abschiednehmen auch Platz für Neues, da mit einem Abschied auch die Last der Verantwortung geht und mögliche Neugierde zur eigenen Veränderung eine reale Chance erhält. Die zeitliche und räumliche Trennung eröffnet neue Möglichkeiten

- im eigenen Verhalten,
- im Wahrnehmen von Menschen und
- im Umgehen mit Wertvorstellungen.

Stelle dir vor, du würdest innerhalb von 24 Stunden auswandern. Heute wäre dein letzter Tag in deiner Heimat.

- Was machst du mit dem Tag?
- Möchtest du bestimmte Menschen um dich haben?
- Willst du einen letzten Tango tanzen?
- Gehst du zu einem Lieblingsplatz?
- Schließt du dich ein und betrinkst dich?

Wir bilden Spielpaare, die sich wechselseitig zu der Vorstellung befragen, das gegenwärtige Land für immer zu verlassen. In deinem neuen Land wird eine Sprache gesprochen, die du noch nicht verstehst.

Anschließend berichtet der jeweils andere Spielpartner in der *Ich*-Form vom letzten Tag in der Heimat. Entscheide, ob du freiwillig oder nur mit äußerem Druck dein Land verlassen würdest, in dem du gegenwärtig lebst.

Augenblick

🕒 5 bis 10 Minuten
🚹 6 bis 20 Mitspieler / Gruppenpiel

Wir verabschieden uns. Stelle dich vor einen anderen Mitspieler und sieh ihn etwa eine halbe Minute an, ohne zu sprechen. Sage zu deinem Partner Tschüss mit deiner Mimik, mit deiner Gestik, mit deinen Blicken.

Lass dabei zu deinem Partner einen Arm breit Platz. Nach einer halben Minute wechselst du kommentarlos deinen Partner und sagst sprachlos dem nächsten Tschüss.

Wenn du von jedem einzelnen Mitspieler mit deinen Blicken Abschied genommen hast, bilden wir einen Kreis. Fasse deine Mitspieler zur linken und zur rechten Seite an den Händen und verweile so Hand in Hand etwa eine Minute, ohne zu sprechen. Sieh dir dabei reihum die Gesichter an.

Zum Schluss drücken wir unserem linken und rechten Spielnachbarn die Hand – bis bald.

Spieleregister